Entrenamiento en habilidades de la comunicación

2 EN 1

¿Cómo manejar conversaciones, situaciones y personas difíciles?

CATALINA ZAPATA

grabada y sólo se permite con un consentimiento expreso por escrito del Editor. Todo derecho adicional reservado.

La información en las páginas siguientes es ampliamente considerada un relato veraz y preciso de los hechos, y como tal cualquier falta de atención, uso o mal uso de la información en cuestión por el lector hará que cualquier acción resultante sea únicamente bajo su competencia. No hay escenarios en el que el editor o el autor original de esta obra puedan ser considerados responsables de las dificultades o daños que puedan surgir después de emprender la información aquí descrita.

Además, la información de las páginas siguientes está destinada únicamente a fines informativos y, por lo tanto, debe considerarse universal. Como corresponde a su naturaleza, se presenta sin garantía sobre su validez prolongada o calidad provisional. Las marcas que se mencionan lo hacen sin consentimiento por escrito y de ninguna manera pueden considerarse una aprobación del titular de la marca.

Índice

Libro 1:
La Comunicación en las Relaciones

Cómo Crear y Mantener Vínculos con las Personas en el Amor, la Vida y el Trabajo

Introducción

Hay pocas cosas más difíciles y frustrantes que las relaciones. Románticas o de otro tipo, navegar por los lazos interpersonales que componen nuestras redes sociales puede ser un proceso estresante y confuso. Las relaciones románticas, sin embargo, son especialmente difíciles. Cuando dos personas se comprometen a estar juntas, tienen que resolver cuestiones que podrían hacerlos querer simplemente rendirse. Lo que muchas personas no se dan cuenta es cuánto trabajo duro se requiere realmente para hacer que una relación tenga éxito y para permitir que ambas mitades del todo florezcan, tanto juntas como individualmente; para lograr todos sus sueños tanto de forma independiente como en equipo. Cuando dos personas están en una relación comprometida a largo plazo, ocurre una especie de simbiosis. Mientras que ambos individuos están claramente separados, también se unen y crean algo nuevo y único, algo mucho más grande que la suma de sus partes. Piense en una relación a largo plazo entre dos personas como un proyecto del que son co-creadores. Forman un vínculo increíblemente íntimo y llegan a conocerse tan profunda y exhaustivamente que nadie más los conoce mejor a ninguno de lo que se conocen ellos mismos. La razón por la que una relación es una empresa tan compleja y confusa es un resultado directo de este vínculo. Lo que le pase a un compañero afecta profundamente al otro, lo quiera o no. Todo lo que le sucede a cada uno de ellos se convierte en asunto directo y problema del otro. Para que ambas partes sean felices y cumplidas en estas circunstancias, se requiere una gran cantidad de comunicación y trabajo en equipo.

Ambas habilidades son difíciles de practicar incluso en el mejor de los momentos cuando todo va perfecto y color rosa, y la relación está yendo muy bien. Cuando los tiempos se ponen difíciles, sin embargo, nuestra capacidad para poner estas habilidades en práctica es realmente puesta a prueba. Hay una buena razón por la que entre el cuarenta y el cincuenta por ciento de los matrimonios terminan en divorcio. Nada dura en este mundo y hacer que una relación sea duradera es algo increíblemente difícil de hacer. Una vida es mucho tiempo, y es mucho tiempo para soportar todos los aspectos inevitablemente molestos y preocupantes del carácter de nuestra pareja, no importa cuánto los amemos. Las relaciones no suelen terminar debido a la falta de amor. Si el amor fuera todo lo que se necesita para hacer que las cosas funcionen, la tasa de divorcio sería mucho más baja de lo que es. Las relaciones pueden desmoronarse por cualquier número de razones, pero las causas casi siempre se derivan del mismo problema raíz: la falta de buena comunicación.

Cada relación enfrenta problemas, y cada pareja será puesta a prueba. Una buena y fuerte relación no se trata de ser perfecto o mantener un registro completamente limpio. Se trata de enfrentarte a todos los desafíos y superar todos los obstáculos a los que te enfrentas. Se trata de ser capaz de admitir cuando te equivocas y hacer un esfuerzo genuino para tratar de mejorar las cosas. Se trata de no rendirse, pase lo que pase, y cuidarse el uno al otro hasta el final. Una relación fuerte se basa en el trabajo en equipo, no en la competencia. Aborda los problemas con una mentalidad de '¿cómo manejamos esto juntos?' y luego busca soluciones, en lugar de culparse unos a otros y detenerse en los problemas mismos. No son ustedes contra ellos, son ustedes dos contra el problema, cada vez.

A muchas parejas les resulta muy difícil comunicarse adecuadamente entre sí. Luchan para encontrar las palabras correctas para decir o el estado de ánimo adecuado para conectar correctamente al mismo tiempo. Esta falta de comunicación lleva a discusiones y peleas que sólo empeoran el problema, permitiendo que las emociones se salgan de control y los sentimientos se lastimen. Es común que dos personas que se aman más que nada se queden despiertos por la noche llorando, uno en su cama y el otro en el sofá, cada uno deseando que su pareja pueda ver las cosas de la manera en que lo hacen. Muchas relaciones no se caracterizan por el apoyo mutuo, sino por peleas mezquinas y riñas triviales que parecen nunca terminar. Las parejas fallan al no escuchase entre sí ni abordar los problemas juntos, en su lugar prefieren centrarse en quién tiene la culpa o quién ha hecho algo para herir al otro. En lugar de mostrar amor y afecto el uno al otro, es más común una atmósfera de tensión y resentimiento. Todos estos problemas en última instancia se reducen a una falta de comunicación efectiva, tranquila, empática y amorosa.

Cuando una relación se basa en un vínculo mutuo de confianza y apertura que facilita este tipo de comunicación de vital importancia, es mucho más difícil que los problemas se arraiguen y crezcan de la misma manera que lo hacen en las relaciones que carecen de ella. La mayoría de los problemas que surgen a lo largo de una relación se pueden resolver sólo a través de sentarse y discutir los temas con calma desde ambos puntos de vista, no importa cuánto tiempo pueda tomar o cuántas veces se tenga que decir algo para hacer claro su punto de vista. La comunicación es una habilidad, y como cualquier habilidad, se necesita mucha práctica para ser buena en ella. No importan las dificultades a las que tú y tu pareja se enfrenten, ambos pueden aprender a comunicarse de una manera que le permita superarlas. Ya sea que sientas que no te están escuchando, o tu pareja piensa que no la entiendes, o simplemente quieres ser capaz de tener una conversación sobre tus problemas sin que desate una pelea o gritos, este libro contiene la información que necesitas para abrir nuevos caminos y llevar su relación entre sí al siguiente nivel.

Este libro te proporcionará las herramientas que necesitas para comenzar a comunicarte bien y mejorar tus relaciones en todos los aspectos de tu vida. Aunque se centra principalmente en las relaciones del tipo romántico, también analiza desenvolverse en más relaciones platónicas a profundidad, y muchas de las lecciones que se pueden aprender de las relaciones románticas se pueden aplicar en otras partes de su vida. Escribí este libro basada en las lecciones que he aprendido tras años de estudiar relaciones y ayudar a las parejas a cooperar. A lo largo de mi carrera como terapeuta familiar profesional, desde que empecé en 2004, he guiado a cientos de personas a salir de las dificultades que enfrentaron en sus vidas y relaciones.

Me encanta ayudar a las personas, y poder ayudar a otros a superar las situaciones difíciles que todos enfrentamos es una experiencia increíblemente satisfactoria para mí. Fue esta pasión y el impulso lo que inspiró a recoger mis pensamientos y lecciones en este libro como una manera de difundir el conocimiento que tengo para un público lo más amplio posible. Ofrecerá técnicas sencillas, prácticas y probadas para mejorar las relaciones (cualquier relación con cualquier persona en tu vida, no solo con tu pareja). Con el consejo que contiene este libro, aprenderás a pensar, hablar y actuar para reparar agujeros en tus relaciones y resolver o prevenir argumentos para que puedas proporcionar a tus seres queridos el apoyo que se merecen. Las cosas de las que hablaremos en el transcurso de los próximos capítulos revolucionarán la forma en la que tratas a las personas que más te importan en la vida, asegurando que esta sea tu guía integral para mejorar tus relaciones, mantener un vínculo amoroso y duradero con tu pareja, y prevenir problemas que puedan alejarte de las cosas que más te importan.

Las parejas que pueden comunicarse eficazmente son más propensas a tener una relación feliz, satisfactoria y duradera que las que no pueden. Comunicarse bien permite captar cuando algo está mal para que pueda arrancarlo de raíz antes de que tenga la oportunidad de crecer en un problema más grande y que llegue aún a más. Cuando puedes sentarte y hablar adecuadamente sobre los problemas que enfrenta con su pareja, con la libertad para que cada uno de ustedes sea escuchado y el tiempo y el espacio necesarios para hacer correctamente su caso, puedes resolver los problemas antes de que tengan la oportunidad de explotar y causar resentimientos profundos y cicatrices emocionales. Mis clientes, viejos y nuevos, me dicen regularmente que las cosas que les he enseñado les han ayudado a cambiar sus vidas y ponerse a sí mismos y a sus relaciones en el camino correcto. Si fueras a terapia de pareja conmigo, te estaría diciendo exactamente las mismas cosas que esbozo en este libro; superar los obstáculos a los que se enfrenta cualquier relación acerca de ser capaces de darse la oportunidad a cada uno de expresar cómo se siente acerca de cada aspecto de los problemas que enfrenta. Es sólo cuando adoptamos esta actitud de apertura, paciencia y comprensión que sentimos que podemos ser escuchados, iluminados en cuanto a cómo se siente nuestra pareja, y capaces de poner problemas en el pasado mientras aprendemos de nuestros errores y seguimos adelante juntos.

No importa cuánto ames a tu pareja, no puedes leer su mente. Tienes que darles la oportunidad de decirte cómo se sienten realmente, y necesitas ser capaz de aceptar lo que digan, independientemente de tus propios sentimientos al respecto. Sus sentimientos importan, y si no puedes o no validas la forma en que sienten, sólo crecerán resentidos a largo plazo. Este libro es una promesa; es una promesa para ti que tienes lo que se necesita para arreglar tu relación. Con la ayuda de este libro, *verás* una diferencia tangible en la forma en que tú y tu pareja trabajan juntos. *Aprenderás* a hacer tu relación feliz, duradera y amorosa, y te *convertirás* en una persona más sabia y emocionalmente inteligente. Sin aprender las lecciones que contiene este libro, ¿cómo podría resultar tu relación a largo plazo? ¿Cuánto tiempo crees que puedes hacer que las cosas duren si no entiendes y aprecias completamente los cimientos necesarios para entrar realmente en las trincheras y hacer el trabajo pesado? ¿Serás capaz de encontrar soluciones sobre los problemas y seguir adelante sin problemas medio resueltos volviendo a atormentarte en el futuro? Cada segundo que retrasas es un segundo del tiempo que tienes con tu pareja que se aleja, frustrado y confundido cuando podría y debería ser tranquilo y amoroso. No esperes. ¡Cambia tu relación ahora! Cambia tu vida, cambia tu felicidad y adquiere las habilidades que necesitas para que tu relación dure y crea una vida de recuerdos felices y satisfactorios que puedes compartir con las personas más cercanas a ti.

Capítulo Uno:
Comunicación positiva

En este capítulo aprenderás cómo comunicarte de manera positiva y productiva. Antes de poder ir a las mejores formas de comunicarte, es importante comprender la brecha en procesar y entender la comunicación que existe entre hombres y mujeres.

Diferencias entre la comunicación femenina y masculina

La comunicación es un concepto muy relativo. Todos nos comunicamos de manera ligeramente diferente, a nuestras maneras individuales, al igual que las huellas dactilares de todos parecen similares de un vistazo, pero cada persona es única. Además de esto, también podemos identificar diferentes tendencias en la forma en que los hombres y las mujeres se comunican. Los hombres tienden a depender más de la lógica y el razonamiento para comunicarse y relacionarse. Ven las cosas más mecánicamente, con énfasis en resolver problemas y querer arreglar las cosas. Cuando se encuentran con una situación que necesitan superar, los hombres son más propensos a querer desglosarlo y averiguar cómo resolver cualquier problema con el fin de abordar el problema tal como es y luego seguir adelante. Las mujeres, sin embargo, tienden a estar más centradas emocionalmente. Es más probable que utilicen ejemplos relacionales para comunicar sus pensamientos y confiar en hablar de sus problemas con el fin de averiguar cómo se sienten y luego trabajar y solucionar sus problemas por sí mismas y en su propio tiempo, en lugar de forzar una solución de inmediato. Las mujeres, por lo tanto, sienten el deseo de ser escuchadas y validadas por sus parejas, mientras que los hombres a menudo sienten que discutir el lado emocional de las cosas es innecesario siempre y cuando resuelvan el problema de raíz.

Esta diferencia en la comunicación puede conducir a una gran dificultad cuando surgen problemas en las relaciones. Las mujeres a menudo se sienten frustradas por el enfoque de su pareja en resolver el problema y barrer todo lo demás bajo la alfombra cuando todo lo que quieren es sentirse escuchadas, comprendidas y amadas. Los hombres están mejor siendo pacientes y escuchando atentamente a sus parejas femeninas mientras describen cómo y por qué una determinada situación o secuencia de eventos les ha hecho sentir de cierta manera, dándoles tiempo para explicar exactamente cómo se sienten. Otro punto que quiero dejar claro aquí es que las mujeres a menudo no dejan esto claro a sus parejas masculinas: van a hablar de cómo se sienten y usan ejemplos, luego esperan que su pareja lea entre líneas y entienda lo que están sintiendo en lugar de claramente informar que simplemente necesitan ser escuchadas y comprendidas, independientemente de si el problema está resuelto o no.

Cuando los hombres y las mujeres no hablan el idioma del otro, ninguna de las dos partes está recibiendo lo que necesitan. Esto lleva a una gran cantidad de problemas totalmente innecesarios; confusión, la frustración que a su vez conduce a la molestia y la ira, la amargura, el resentimiento, y a menudo, el drama. Una vez que los malos sentimientos están involucrados y se encuentran listos para pelear, las situaciones pueden salirse rápidamente de las manos sin razón. Todo lo que se necesitaba era un entendimiento mutuo de que los hombres y las mujeres tienden a procesar situaciones y comunicarse de diferentes maneras. Cuando una pareja tiene ese entendimiento, es mucho más fácil evitar que los problemas se sobrecalienten.

Otro problema que las diferencias biológicas en la comunicación pueden generar es las diferentes suposiciones y expectativas sobre cómo debe ocurrir un evento o interacción. Las mujeres y los hombres tienden a tener diferentes necesidades y prioridades, así como diferentes interpretaciones de la misma experiencia. Esto puede llevar a una mala comunicación donde una persona espera una cosa, pero la otra tiene un conjunto completamente diferente de suposiciones, a pesar de que ambos han tenido la misma experiencia. Hombres y mujeres tienden a interpretar las mismas cosas de diferentes maneras, debido a nuestros diferentes maquillajes biológicos. Como resultado de millones de años de evolución de los homínidos, los hombres están conectados para ser solucionadores de problemas. Para el hombre típico, la comunicación sirve un par de propósitos claros. O bien hay una declaración que necesita ser hecha o un problema que necesita ser resuelto. Las mujeres, sin embargo, suelen tener una visión menos limitada de la comunicación. Para ellas, hablar no es sólo un medio para un fin, sino un fin en sí mismo. Las mujeres tienden a querer hablar sobre sus problemas porque es una manera de averiguar cómo se sienten y ordenar sus pensamientos. Ellas no necesariamente esperan o quieren que la persona con la que hablan resuelva las cosas; sólo quieren sacarlo de adentro. De hecho, hablar de cosas a menudo puede hacer que las mujeres sientan que se ha ido disminuyendo una carga. Las mujeres se comunican para fortalecer su vínculo con su pareja y promover la intimidad y la cercanía. Al compartir sus pensamientos, liberan sus sentimientos negativos. Para ellas, la comunicación con su pareja se trata de tener un ámbito de apoyo y sin prejuicios en el que puedan expresarse abiertamente.

Esta simple diferencia en la forma en que la comunicación tiende a ser percibida entre los sexos puede conducir a toda una serie de pequeños problemas e irritaciones en una relación, los cuales se suman y pueden crecer en algo mucho más grande si no se rectifica o se mantiene bajo control. Un buen ejemplo de esto es cuando una esposa estresada llama a su esposo y le dice que ella está teniendo un mal día en el trabajo y luego se enoja cuando más tarde esa noche ni siquiera le pregunta al respecto. Para la mujer, mencionar su mal día por teléfono a su marido antes era una pista o un mensaje para que él le preguntara al respecto más tarde. Pensó que al insinuar sobre su mal día, su marido naturalmente le preguntaría al respecto, porque él es su marido y él la ama y se preocupa por ella, así que sabe que ella querría abrirse y contarle todo sobre ello. Sin embargo, en la mente del marido, las cosas se ven muy diferentes. No es que le haya pasado de largo el hecho de que su esposa mencionó que tuvo un mal día, sino que él tiene un enfoque diferente para lidiar con los problemas que enfrenta y asume que lo que parece funcionar para él funcionará para su esposa. Toma el comentario de su esposa a valor nominal, como una declaración de que ella ha tenido un mal día, sin darse cuenta de que ella quiere hablar de ello. Mientras que las mujeres tienden a querer hablar de sus problemas para trabajar a través de ellos, los hombres son mucho más propensos a simplemente querer olvidarse de ellos y seguir adelante si no hay nada más que puedan hacer. Por lo tanto, el marido había asumido que su esposa preferiría no revivir su mal día con él trayendo todo de nuevo y hablando de ello, por lo que en su lugar trabaja para distraerla y consolarla en lugar de darle lo que necesita.

Esta tendencia a distraerse y tratar de olvidarse de los problemas es un problema real para algunos hombres. Es común para ellos auto medicarse con alcohol y otras drogas, tanto legales como ilegales. Si bien las mujeres tampoco son inmunes a esto, es especialmente común con los hombres, que no están acostumbrados a aceptar o lidiar con sus emociones por miedo a ser estigmatizados y marginados o etiquetados como débiles. Muchos hombres no tienen a nadie con quien hablar sobre sus sentimientos difíciles y a menudo contradictorios, que pueden hacer que sus vidas sean increíblemente solitarias incluso cuando están rodeados de amigos y familiares. Las mujeres deben tratar de estar allí para sus maridos y novios, con el fin de darles una salida para sus emociones y ayudarles a procesarlos y entenderlos. Sin embargo, tenga en cuenta que intentar consolar a los hombres cuando se sienten molestos y heridos puede fácilmente ser contraproducente y hacer que se retiren aún más; a veces preferían olvidarse de sus problemas que enfrentarlos. La persuasión de su pareja para abordar estos problemas puede provocar una reacción defensiva en los hombres. Hasta que un hombre esté listo para lidiar con cualquier problema que esté enfrentando, las preguntas y el aliento pueden hacer más daño que bien. Es una buena idea que las mujeres le recuerden a sus parejas masculinas que están ahí para ellos cuando quieran o necesiten hablar, y luego les permitan que vengan a ellas en su propio tiempo cuando estén listos.

Por lo general, los hombres guardan sus problemas para sí mismos y no ven la necesidad de abrirse o compartir, mientras que las mujeres son más propensas a hablar con otras mujeres cuando tienen un problema con el que necesitan lidiar o necesitan tomar una decisión. Esto se debe a que, en general, los hombres se relacionan con otros hombres basados en la dinámica de poder y el estatus de dominio entre ellos, mientras que las mujeres tienden a estar más orientadas a las relaciones y buscan conexiones y formas de relacionarse entre sí a través de un terreno común y una experiencia compartida. Las mujeres se centran en construir una relación entre sí haciendo preguntas, mientras que los hombres generalmente prefieren dar información en lugar de hacer preguntas. En cambio, comparten experiencias como una forma de competir, lo que a menudo conduce a casos de imposición. Sin embargo, los hombres pueden tener un desacuerdo serio e incluso llegar a pelear por él y luego seguir adelante y olvidarse de todo, mientras que las mujeres a menudo están más comprometidas emocionalmente con una sensación de estar bien o mal y pueden guardar rencor por mucho más tiempo. Las mujeres construyen relaciones para hacer las cosas, mientras que los hombres construyen relaciones trabajando juntos para hacer las cosas. Hacer que la comunicación funcione en una pareja masculina y femenina implica no criticar la forma en que el otro sexo se comunica, sino más bien aprender a adaptarse y trabajar juntos a pesar de las diferencias naturales que compartimos.

Cuando los hombres están molestos, tienden a mantener sus pensamientos para sí mismos en lugar de buscar confidentes. Esto puede deberse a que luchan por comunicar sus problemas, ya que no los han verbalizado ni siquiera para sí mismos. También se les enseña desde una edad temprana a embotellar sus emociones y tragar sus sentimientos en lugar de expresarse. Se les dice consistente y frecuentemente que el llanto es para las mujeres que en su lugar deben "ser hombres" y simplemente lidiar con los problemas que enfrentan solos. Expresar emociones o llorar es ampliamente visto como un signo de debilidad por una gran parte de los hombres. Las mujeres, sin embargo, no tienen tales restricciones sociales sobre éllas y están mucho más acostumbradas a expresarse y derramar lágrimas sin avergonzarse.

La naturaleza de los hombres por resolver problemas comúnmente resulta frustrante y molesto para sus parejas femeninas, incluso cuando se toman el tiempo para escuchar lo que su pareja está diciendo. Tienden a estar buscando resolver problemas de forma natural, sin siquiera pensar en ello. Escuchar pacientemente es difícil para los hombres porque tienen que luchar contra la necesidad de interrumpir y resolver problemas. Cuando ven la oportunidad de dar consejos o ayuda o ven que lo que piensan es una solución al problema, a menudo interrumpen la conversación para ofrecer sus pensamientos y tratar de "arreglar" cualquier problema que su pareja tenga. El inconveniente con esto, por supuesto, es que con frecuencia su pareja no está buscando resolver su problema. En toda semejanza, no hay realmente un problema, y ya saben qué curso de acción van a tomar en respuesta a algo. No están buscando una solución, están tratando de desahogarse. Quieren hablar sólo para ser escuchadas y entendidas, algo que es un concepto de otro mundo para muchos hombres. Recibir consejos no solicitados (y a menudo mal informados) de novios y esposos que interrumpen es una ocurrencia frustrante común para las mujeres, a menudo conduce a la ira y el resentimiento. Es más molesto por el hecho de que si sólo esperaban para escuchar a sus compañeras, los hombres se darían cuenta de que en realidad no necesitan una solución, de todos modos; en cambio, tienden a saltar en la primera oportunidad tan pronto como piensan que podrían tener una solución, incluso una fracción de una buena idea para ayudar a sus parejas. Sus intenciones son buenas, pero desafortunadamente no son lo esperado.

Cuando te enfrentas a malentendidos como resultado de una mala comunicación en tu relación, es una buena idea ser lo más explícito y claro posible en el futuro para evitar cometer los mismos errores de nuevo. Una gran frase para los hombres que parecen equivocarse siempre es preguntar '¿Quieres mi opinión, o quieres que te escuche?'. Esto puede parecer descortés, pero si evita que no puedan satisfacer las necesidades de su pareja correctamente, es una herramienta eficaz y útil. Esta contundencia es la clave para cortar cualquier evasión de conflicto o evitar ofensas que puedan estar ocurriendo en su relación. Las mujeres deben decirles a los hombres exactamente lo que necesitan para sentirse comprendidas y amadas. Los hombres necesitan instrucciones explícitas y claras a las que apegarse y trabajar para perfeccionar. Los pasos lógicos que se les establezcan de una manera fácilmente comprensible les ayudarán a aprender lo que su pareja necesita. Dejarlos resolver las cosas por sí mismos a través de sutiles consejos sólo hará esto más difícil y desperdiciará el tiempo y la energía de ambos, sintiéndose molestos y frustrados por la relación. Es injusto esperar que los hombres solucionen estas cosas cuando por lo general carecen del conocimiento emocional necesario para hacerlo; ambas mitades de la pareja deben tener claro lo que quieren y necesitan uno del otro para que la mayoría de los malentendidos y sentimientos heridos puedan ser totalmente evitados.

Como resultado de las diferencias entre la comunicación masculina y femenina, algunas mujeres se quedan sintiendo que sus maridos o novios no se preocupan por ellas porque no pueden leerlas intuitivamente tan bien como les gustaría. Sienten que sus sentimientos han sido ignorados o invalidados, y sus necesidades no se resuelven. Si bien esto es un problema, no es necesariamente cierto que sea porque sus parejas no se preocupan por ellas. Los hombres tienden a ser menos inteligentes emocionalmente que las mujeres. Los hombres necesitan impulso a veces. No siempre se dan cuenta de las cosas. Eso no significa que no estén enamorados o comprometidos con la relación. En general, los hombres quieren hacer felices a sus parejas.

Quieren ser buenos y exitosos esposos y novios, simplemente no siempre entienden cómo hacer esto hasta que se los muestran.

Las mujeres que se basan en las suposiciones de que sus consejos serán reconocidos y comprendidos no sólo no avanzarán a ninguna parte, sino que harán las cosas mucho más difíciles para sus parejas. Cuando las mujeres se sienten molestas por la ineptitud de sus hombres por satisfacer sus necesidades, el resultado final es que sus parejas masculinas se sienten rechazadas. Se sienten como si fueran la razón por la que algo salió mal como si no puedan cumplir o satisfacer adecuadamente a sus mujeres. Se sienten emasculados, inadecuados y heridos, todo esto a menudo se manifiesta en forma de ira. Cuando una mujer hace que su hombre sea consciente de su necesidad de ser escuchada y comprendida, toda la dinámica de la relación puede cambiar, porque el hombre lo ha recibido para él y sabe lo que tiene que hacer para que su mujer se sienta amada y apreciada. No hay necesidad de daño, ira o peleas si ambos compañeros pueden decir claramente lo que quieren y necesitan. Si un hombre puede manejar su respuesta, escuchar y hacer preguntas compasivas mientras una mujer explora sus pensamientos, los conflictos desaparecerán rápidamente. De la misma manera, si una mujer puede aprender a entender que su pareja masculina no está tratando de ser insensible o hiriente, sino que simplemente necesita ayuda para satisfacer sus necesidades, las cosas se pueden concluir de una manera positiva y respetuosa, acercando a ambas personas.

Otro factor que juega en esto es la forma en que los problemas se surgen en una relación. La forma en la que expones los problemas determina el nivel de cooperación y comprensión que recibirás de tu pareja. La redacción, el tono de voz y el contexto son parte de cómo algo que dices es interpretado por otra persona, y este efecto se agrava cuando las cosas que estás exponiendo pueden provocar una reacción defensiva en la persona con la que estás hablando. Si tu pareja siente que está siendo criticada, va a ser sensible a lo que dices, incluso si eliges tus palabras cuidadosamente y hablas tan suave y amablemente como sea posible. Sin embargo, cuando la gente presenta los problemas de manera negativa, con palabras mal elegidas o un tono de voz hostil, como decir '¿te olvidaste de preguntarme sobre mi día?', las posibilidades de que provoquen una reacción defensiva de su pareja son mucho más altas. Por lo tanto, es de vital importancia que cuando planteas cualquier problema que puedas tener con el comportamiento o la actitud de tu pareja trates de ser lo más sensible y cuidadoso posible, con el fin de tratar de evitar que tus palabras tengan una connotación negativa. Si no lo haces, todo lo que estás haciendo es decirles que son malos como pareja y que te están haciendo infeliz, lo que probablemente solo te llevará a problemas que se descontrolan.

Es extremadamente común que los hombres sientan que están siendo probados por sus esposas o novias para ver si se dan cuenta de pistas, lo cual es algo frustrante para ellos experimentar. Los hombres tienden a ser relativamente sencillos; no aprecian o no tienen mucho tiempo para juegos mentales. Preferirían mucho que sus otros significativos fueran claros sobre sus intenciones y lo que quieren decir, en lugar de expresar algo diferente a cómo realmente se sienten y depender de pistas y suposiciones para llegar a su punto de vista.

El hecho de que la biología evolutiva influya en cómo pensamos, cómo actuamos y cómo tratamos a los demás significa que nuestra capacidad de tener una perspectiva civilizada y medida está constantemente en lucha con nuestra naturaleza y nuestros impulsos e instintos primitivos y biológicos. Aprender a comunicarse bien con tu pareja significa ser capaz de tener en cuenta estos factores evolutivos al considerar cualquier inconveniente, problema o circunstancia que pueda ocurrir tras bambalinas, y que están frecuentemente activos. Por ejemplo, muchos hombres son extremadamente renuentes a pedir ayuda, porque su ego les dice que deben ser totalmente autosuficientes y ser capaces de manejar todo por sí mismos. No quieren ser vistos como inferiores o menos capaces en algún sentido, tanto por otros hombres como por mujeres. Son menos propensos a pedir ayuda cuando se encuentran en presencia de mujeres. Las mujeres, sin embargo, suelen pedir ayuda rápidamente cuando están luchando con algo porque no se sienten tan presionadas para aparentar ser capaces e independientes. Las mujeres buscarán consejo simplemente por tomar la oportunidad de mejorar la situación a la mano, independientemente de sí las ayuda o no a lograr su objetivo. Cuando una mujer se acerca a un hombre (especialmente en el ambiente laboral), el hombre probablemente asume de inmediato que la mujer necesita su ayuda. Son relativamente felices de ayudar porque es una oportunidad de demostrar su capacidad y proeza hacía una mujer. Sin embargo puede que no sean particularmente pacientes, debido a que tienden a ver esto como un favor del que pueden tomar ventaja en el futuro, en lugar de verlo sólo como una oportunidad de ayudar a otra persona.

Además, a los hombres les gusta afirmarse cuando hablan con las mujeres para demostrar que están seguras de sí mismas y que saben lo que están haciendo, misma razón por la que pueden ser tan reacios a pedir ayuda. No les gusta que los consideren débiles. También pueden ser más propensos a descartar las opiniones de una mujer sin otra razón que el hecho de que provienen de una mujer, especialmente si es en un tema que sienten que las mujeres no deben o no podrían saber mucho. Algunos hombres también encuentran difícil mantener conversaciones que tienen puntos largos, especialmente cuando no es algo de lo que quieren estar hablando en primer lugar. Esta es la razón por la que cuando se envían textos largos, a menudo responden a los últimos dos puntos mencionados, en lugar de todo el texto.

Consejo Rápido: Estas diferencias de comunicación basadas en el sexo son tendencias identificables en amplias poblaciones de personas en todo el mundo y son de origen biológico. Sin embargo, esto no significa que siempre sean precisos. Muchos hombres son muy inteligentes emocionalmente e innatamente entienden que las mujeres necesitan hablar para expresarse. También he conocido a muchas mujeres que preferirían resolver problemas en lugar de hablar de la forma en que se sienten en absoluto. Siempre habrá diferencias individuales, y abordo estas diferencias biológicas sólo para resaltar las amplias divisiones en la forma en que los hombres y las mujeres procesan y entienden la comunicación.

Los Secretos de la Comunicación Positiva

La comunicación es una forma de arte, y debe ser practicada para ser eficaz. Para que la comunicación tenga lugar, debe haber al menos dos partes entre las que se pueda transferir un mensaje: el emisor y el receptor. El ruido puede obstaculizar este proceso (tanto el ruido físico, como otras personas hablando o la música que se reproduce en segundo plano, como el ruido mental, pensamientos y sentimientos en la mente del receptor que impiden que el mensaje se entregue claramente y se entienda por completo) lo que puede provocar que el receptor reciba un mensaje muy diferente al que el emisor ha intentado comunicar. Por lo tanto, el objetivo de la comunicación positiva es que un mensaje se transmita claramente y con el menor malentendido posible por parte del público que lo recibe. Comunicarse positivamente consiste en asegurar que se cumpla este objetivo y que ambas partes comprendan la intención detrás del mensaje, así como el mensaje en sí.

Aquí hay cinco secretos de la comunicación positiva que te ayudarán a convertirte en un maestro comunicador:

1. **Expresar para ser entendido**: Cuando seas la persona que habla, ten en cuenta que tu objetivo no es persuadir o convencer a nadie ni cambiar su opinión. Tu objetivo es ser entendido, ante todo, así que habla de una manera que logres este objetivo antes de preocuparte por cualquier otro propósito en tu comunicación.

2. **Trata de entender, en lugar de estar de acuerdo**: Cuando eres el receptor, también tienes una meta. Tu objetivo debe ser entender lo que el emisor está tratando de comunicar, en lugar de tratar de estar de acuerdo con lo que están diciendo.

3. **Utilizar el idioma entendido por el receptor**: Habla de una manera que se adapte a tu audiencia. Si estás

hablando con un niño, debes usar palabras que reflejen su nivel de lectura y comprensión y puedan ser entendidas a fondo por ellos. Del mismo modo, si estás hablando con alguien que es un experto en el campo que estás discutiendo, usa una forma más específica de lenguaje con palabras especializadas para que tu punto sea más claro.

4. **Mantener enfocada la tarea**: Sea cual sea tu papel en el proceso de comunicación en un momento dado, debes apuntar a lograr los objetivos de ese papel tan bien como sea posible. Esto significa mantenerse enfocado y estar atento totalmente en el momento presente, prestando atención a lo que está sucediendo. Si eres el emisor, mantente enfocado en tu audiencia, cómo se siente y si entienden o no lo que estás diciendo. Si dudas de que han entendido completamente lo que quieres decir, entonces repite y trata de explicar tu punto con diferentes palabras. Si eres el receptor, también deberás prestar atención a lo que el emisor está diciendo. Reitera hacía el emisor lo que has entendido de lo que está diciendo para comprobar que has captado la verdadera

esencia del significado de lo que intentan transmitir.

5. **Mantener un contacto adecuado durante toda la comunicación**: Mantener a ambas partes centradas en el acto de comunicación significa mantener un nivel adecuado de contacto personal que las ancla a ambas en el propio acto. Esto se puede lograr a través del buen contacto visual, expresiones faciales, y el lenguaje corporal afirmativo y vocalizaciones de ambas personas para indicar que entienden lo que el otro está diciendo. Sonreír puede ayudar mucho en este sentido, al igual que ser positivo y decir "sí".

Consejo rápido: Puedes usar estos secretos de comunicación para asegurarte de que te expresas bien y escuchas atentamente a tu pareja con el fin de practicar la comunicación positiva dentro de tu relación, así como asegurarte de que te estás comunicando eficazmente con otras personas en tu vida.

Lenguaje Corporal

Aunque históricamente hemos usado el lenguaje hablado para hacer la mayor parte de nuestra comunicación, una gran parte de la expresión es en realidad no verbal; de hecho, nuestro lenguaje corporal puede decir más acerca de nuestros verdaderos pensamientos, sentimientos e intenciones que las palabras que usamos o la forma en que hablamos. Esta es la razón por la que entender nuestro lenguaje corporal puede ayudarnos a entender mejor a los demás y forjar conexiones más profundas con nuestros socios. Cuando entiendas mejor el lenguaje corporal, serás más capaz de expresarte y evitar la comunicación deficiente, algo que puede ser extremadamente costoso; puede empeorar tus relaciones con los demás o con tu pareja y evitar que alcances tus metas.

Cuando estamos hablando con alguien cara a cara, en realidad tenemos tres voces de comunicación que transmiten mensajes a nuestra audiencia. Estos son:

1. **Las palabras que decimos**

2. **El tono de nuestra voz**

3. El lenguaje corporal: nuestros gestos, expresiones faciales y contacto visual.

Aunque podrías pensar que la parte más importante de tu comunicación cuando estás hablando con alguien son las palabras que usas, no es el caso. En realidad, el contexto de lo que estamos diciendo está fuertemente influenciado por nuestro lenguaje corporal y tono de voz, y aquí es donde se encuentra el verdadero significado. Estamos conectados a leer y entender instintivamente el lenguaje corporal, a pesar de que rara vez notamos que lo estamos haciendo. Es más, si las palabras que una persona dice no coinciden con su tono de voz o su lenguaje corporal, hacemos caso omiso de lo que dicen y confiamos en lo que su cuerpo nos está diciendo. Cuando una persona está enviando mensajes mixtos con sus voces de comunicación, la gente presta atención a las palabras que se dicen sólo una fracción del tiempo. Cuando las palabras de alguien están en desacuerdo con sus acciones, nuestro instinto es ir con lo que su cuerpo nos está diciendo. El lenguaje corporal es un proceso en gran medida automático. Cuando le prestamos atención, podemos controlarlo a través de un esfuerzo consciente, pero tan pronto como lo olvidemos, vuelve a un proceso automático. Esto significa que a menudo cuando estamos tratando de mentir o disimular nuestros verdaderos sentimientos, nuestro lenguaje corporal nos traicionará y dará a la otra persona la clara impresión de que estamos reteniendo algo.

Curiosamente, el lenguaje corporal también varía entre hombres y mujeres, al igual que otras formas de comunicación. Los hombres generalmente no dan muchas expresiones faciales en sus conversaciones diarias y son más propensos a evitar el contacto visual y doblar los brazos con el fin de mantener una postura defensiva al hablar. Asentirán con la cabeza para mostrar su acuerdo con algo que se ha dicho. Las mujeres, por otro lado, son más propensas a mantener contacto visual durante las conversaciones cara a cara. Tienden a estar más cómodas con la proximidad física y sonreirán y reirán más que los hombres, además de usar sus manos para expresarse. A diferencia de los hombres, las mujeres asienten con la cabeza para demostrar que están escuchando y entienden lo que se les está comunicando, no es que necesariamente estén de acuerdo con ello. Es probable que estas discrepancias se deban a las diferentes presiones evolutivas que hombres y mujeres han enfrentado a lo largo de la historia. Los hombres son mucho más propensos a estar involucrados en una lucha violenta entre sí que las mujeres, por lo que tienden a ser menos abiertos y más naturalmente defensivos, especialmente cuando están hablando con otros hombres que no conocen bien. El contacto visual entre los hombres también es más probable que se tome como un gesto agresivo que entre mujeres o entre hombres y mujeres.

Lenguaje Corporal Positivo

Cuando estás aprendiendo a comunicarte positivamente, es importante tener en cuenta el papel altamente influyente del lenguaje corporal. Observa cómo si le das a alguien un cumplido, es probable que extienda su brazo lejos de su cuerpo y hacia ti, como si estuvieran tratando simbólicamente de alejarlo. Esta acción subconsciente se deriva de la expectativa de que nuestra sociedad ha programado en nosotros que no debemos aceptar cumplidos fácilmente para parecer modestos y evitar ser arrogantes. Por lo tanto, la persona que recibe el cumplido a menudo utiliza su lenguaje corporal para rechazarlo, incluso mientras podrían estar agradeciéndole con sus palabras.

Si quieres forjar mejores relaciones con los demás, necesitas trabajar para reflejar un mejor lenguaje corporal. Esto no solo los hará sentirse mejor acerca de su interacción contigo y sentirse más felices consigo mismos como resultado directo, sino que también te hará sentirte mejor acerca de ti mismo y tu interacción con esa persona. Esta mayor positividad en ambas personas puede conducir a una relación más satisfactoria y sin problemas entre ustedes dos, independientemente del grado que la conozcas. Cuando las personas están dando un lenguaje corporal positivo, es una señal de que se sienten felices consigo y confían en sí mismas. Esta aura de positividad instintiva hace que otros gusten y confíen más en esa persona, mejorando directamente la relación que comparten.

Para mejorar tu lenguaje corporal y comunicarte positivamente con todo tu cuerpo, sigue los siguientes pasos:

• **Acepta cumplidos en tu pecho**: En lugar de empujar con los brazos cuando reciba un cumplido, trate de colocar la mano sobre su pecho para simbolizar aceptarlo y llevarlo al corazón. Esto te hará sentir mejor y hará que la persona con la que estás hablando se sienta más feliz y a gusto en tu compañía.

• **Mantén la cabeza alta**: Empuje la barbilla hasta el nivel justo por encima, de modo que la cabeza esté muy ligeramente inclinada hacia atrás. Esto servirá para elevar la cabeza y ayudarle a expresar un aire seguro y atractivo.

• **Empuja los hombros hacia atrás**: Esto empuja hacia fuera el pecho y endereza la espalda, haciendo que camines, te pongas de pie o te sientes más erguido. Esta postura confiada envía el mensaje correcto a las personas con las que hablas.

• **Abre el cuerpo**: Evita cruzar los brazos o sostener las manos delante de ti. Hacer esto forma una "puerta" que te hace parecer defensivo, inseguro y cerrado a la interacción con los demás. Piensa en ello como una barrera natural que creas inconscientemente cuando rechazas la realidad del mundo exterior. Demuestra que te sientes más débil e inferior a los demás. Si mantienes tus manos a tu lado, parecerás más relajado, abierto e invitando, brindando mejores relaciones y más oportunidades.

Un fenómeno extraño e interesante es que mejorar tu propio lenguaje corporal de esta manera realmente te hace sentir más seguro y capaz. El acto mismo de tener el lenguaje corporal de una persona segura de sí misma lo hace una realidad. Empiezas a irradiar energía completamente diferente de tu ser, dando mejores señales a las personas que te rodean. De esta manera, hacerse más abierto y accesible a los demás mejora su relación con ellos. Las personas que tienen menos confianza y no quieren interactuar con otras personas tienden a tener relaciones más pobres que las que sí la tienen. Cuando comiences a usar conscientemente un lenguaje corporal más positivo, por lo tanto, mejorarás las relaciones que tienes con las personas que te rodean.

Estas mejoras beneficiarán no sólo las relaciones que tienes con tus amigos, familiares y compañeros de trabajo, sino también la que tienes con tu pareja. Encontrarás que dar las señales subconscientes correctas entre sí mediante el uso de un lenguaje corporal más positivo acerca a los dos de ustedes, y cultiva un vínculo más fuerte e íntimo. Cuando estás proporcionando el lenguaje corporal equivocado, tu pareja lo asimila, conscientemente o no. Se ven afectados por estas señales negativas y se sienten más distantes de ti como resultado. Si puedes trabajar para mejorar tu lenguaje corporal, entonces no sólo te sentirás más accesible y mejor conectado con tu pareja, también los animará a sentirse más positivos acerca de ti, lo que a su vez los lleva a comunicarse con un lenguaje corporal más positivo.

Leer el Lenguaje Corporal de Otras Personas

Como el lenguaje corporal es un lenguaje en sí mismo, llegar a saber cómo identificarlo y leerlo en otros es parte de aprender a comunicarse bien. En su mayor parte, el lenguaje corporal es sutil y difícil de distinguir. Se basa en gran medida en la intuición para ser entendido y está influenciado en gran parte por el contexto, la cultura, y el individuo que lo realiza. Cada persona tiene su propia forma única de expresarse a través de su lenguaje corporal, aunque hay movimientos y gestos que varían menos ampliamente entre la población y tienden a ser los mismos en todas las culturas.

Cómo leer el lenguaje corporal es siempre una experiencia subjetiva, una de las mejores maneras de leerlo en las personas con las que hablas es tomar nota de las señales que desprenden con su cuerpo y replicarlas en un momento posterior para averiguar qué sentimientos obtienes al realizar los mismos gestos. Esto te permite obtener una visión de lo que su lenguaje corporal estaba diciendo al ver cómo te hace sentir cuando haces lo mismo. Por ejemplo, si estás hablando con alguien y lo ves acariciando la barbilla, y mirando hacia la distancia, haz lo mismo cuando estés solo y ve qué tipo de sentimiento te da. Para muchas personas, este gesto particular del lenguaje corporal es un signo de estar pensando con detenimiento, especialmente cuando tienen una difícil elección o decisión que tomar. También puedes tomar nota de tu propio lenguaje corporal cuando ocurren ciertas situaciones para tratar de averiguar lo que estás pensando y sintiendo, y que te lleva a realizar cierto gesto en un momento determinado. Al hacer esto, puedes obtener un nivel de información sobre la mente de otra persona cuando la ves haciendo lo mismo.

La naturaleza en gran medida involuntaria y automática del lenguaje corporal significa que a menudo puede traicionar nuestros pensamientos y sentimientos, incluso cuando preferimos mantener diferentes apariencias y mantener nuestro mundo interno privado. Por esta razón, es importante hacer todo lo posible para no juzgar a la gente cuando las ves dando señales que podrían ofenderte, como notar que no parecen estar tan interesadas en hablar contigo, aunque minutos atrás lo estuviesen. No podemos evitar lo que sentimos, y la gente a menudo hará todo lo posible para ser educados con sus palabras y tono, incluso cuando su cuerpo grita que están incómodos o prefieren no estar haciendo lo que están haciendo en ese momento. Cuando recoges estas señales, harías bien en tomar nota, pero evita abordarlas, ya que hacer esto probablemente sólo conducirá a dificultad y torpeza. Comunicarse positivamente no se trata de juzgar, sino de entender a las personas. Si estás hablando con una persona y puedes verla cambiando su postura, girando sus pies y viendo hacia otro lugar, entonces podrías razonablemente deducir que quieren terminar la conversación porque están distraídos y sus pensamientos están en otra parte. Podrías hacer todo lo posible para poner fin a la conversación rápidamente, o llevar la conversación hacia un nuevo tema en el que muestren más interés.

Mostrar consideración al hacer esto le proporciona un enfoque sensible y comprensivo para la comunicación con otra persona a través de la lectura de su lenguaje corporal. Entender a las personas construye una relación entre ustedes dos y aumenta la fuerza de la conexión que tienes con ellos. Si puedes ser lo suficientemente sensible como para usar tus poderes de comunicación para entender a los demás, fortalecerás las relaciones que tienes y los harás sentir mejor contigo.

Otra característica común del lenguaje corporal que se puede leer con un buen grado de precisión es observando los ojos de las personas y viendo a dónde van cuando les haces una pregunta. A menos que la persona tenga preparada una respuesta, en cuyo caso tenderá a responder sin romper el contacto visual, sus ojos se alejarán al pensar en su respuesta antes de volver a tu mirada para responder. Si miran hacia arriba y hacia la izquierda, están atacando el hemisferio izquierdo de su cerebro, que está asociado con hechos, información, lógica y recuerdos. Si, por otro lado, mira hacia arriba y hacia la derecha, una persona está accediendo al lado derecho de su cerebro. Esta es la región del cerebro asociada con la creatividad, la imaginación y los pensamientos sobre el futuro. Si miran a un lado o al otro, sin una inclinación hacia arriba, por lo general significa que están escuchando lo que estás diciendo. Si miran hacia abajo, su respuesta está siendo moldeada por la emoción. Cuanto más tiempo pasen mirando hacia abajo, más profunda será la emoción y más emoción estará apegada a su respuesta.

Aprender a leer los movimientos de los ojos de las personas puede ayudarnos a la hora de comunicarnos mejor. Te dará una idea del tipo de lugar del que proviene su respuesta, y de qué región de su cerebro han tenido que acceder para conseguirlo. Los ojos también prestan mucha gravedad y peso a la respuesta de una persona y le permiten juzgar mejor sus procesos cognitivos internos y entenderlos más a fondo.

Consejo rápido: Cuando haces una pregunta y sientes que vas a obtener una respuesta impregnada de emoción porque la persona con la que estás hablando mira hacia abajo, puede ser tentador tratar de rescatarlos cambiando el tema o interrumpiéndolos para ayudarlos con lo que crees que podría ser su respuesta. Sin embargo, debes ser paciente y esperar a que ellos respondan. Esto construye una relación, confianza y conexión con la persona, ya que les has dado el tiempo para que se expresen plenamente, sin importar lo difícil que pueda ser. Deja que las personas sientan lo que están sintiendo en lugar de tratar de salvarlos, y su relación con ellos se fortalecerá.

Dar una Buena Primera Impresión

Las primeras impresiones pueden ser cruciales en ciertos momentos críticos de nuestra vida. Si vas a una entrevista de trabajo o conoces a un cliente potencial, hacer una buena impresión puede hacer toda la diferencia en determinar si el resultado de tu reunión es positivo o negativo. Del mismo modo, si conoces a los padres de tu pareja por primera vez o incluso vas a una primera cita, querrás hacer una buena primera impresión. El secreto para tener un impacto positivo en las personas la primera vez que las conoces es dónde está tu enfoque mental. Cuando conoces a alguien, la interacción entre ustedes dos genera un enfoque en cada una de sus mentes que determina cómo se siente acerca de esa interacción. En términos generales, el enfoque más importante de cada persona en ese momento es cómo cada individuo se siente consigo mismo, y cómo cada uno se siente acerca de la otra persona, es decir:

- **Cómo te sientes contigo mismo**

- **Cómo te sientes acerca de la otra persona**

- **Cómo se sienten acerca de ellos mismos**

- **Cómo se sienten acerca de ti**

La interacción entre ustedes dos colocará el foco en ambas mentes en una de estas áreas clave, y a menudo fluctuará entre ellas. Si cuando conoces a una persona por primera vez te estás enfocando en cómo te sientes acerca de ti mismo, tenderás a sentirte autoconsciente y a causar una mala primera impresión porque estás ansioso, autocrítico, y terminas teniendo dudas de ti mismo y no te enfocas en el conversación. Esto puede ser potencialmente devastador para tu primera impresión. Si tu enfoque se centra en lo que la otra persona siente por ti, estarás tratando demasiado duro para complacerlos, y te darás la impresión de ser falso o inseguro. Si estás pensando y centrándote en cómo te sientes acerca de la otra persona, la primera impresión que reciban de ti es que probablemente eres crítico, y obviamente es algo que quieres evitar. Sin embargo, si tu enfoque se centra en cómo se siente la otra persona por sí misma, lo más probable es que hagas una buena primera impresión. Aquí es donde usted debe tratar de mantener el foco de la interacción en su mente, independientemente del contexto de la primera reunión. Cuando tu propia mente se centra en cómo se siente la otra persona acerca de sí misma, creas una impresión genuina y positiva en ellos.

Ejemplo: Conoces a un nuevo cliente potencial en el trabajo y quieres causar una buena impresión. Lo invitas a almorzar. Ahora, podrías hablar de ti mismo, en cuyo caso el enfoque de ti y de ellos estará en tu persona, o puede influir en la conversación para que sea sobre ellos, lo que cambiaría el enfoque a ellos en su lugar. A continuación, puede hacer preguntas de sondeo para averiguar cómo se sienten acerca de sí mismos, los demás y los acontecimientos de su vida, poniendo el foco exactamente donde quieres que esté para que se sientan bien en relación a ti. Para ellos, eres una de las personas más agradables y genuinamente interesadas que han conocido, y para ti, ¡son un nuevo cliente!

Capítulo Dos:
Relaciones en el trabajo

El área en la que la persona promedio pasará una gran cantidad de su vida y que es crucial para determinar sus ingresos, satisfacción y bienestar es el lugar de trabajo. La mayoría de las personas pasan unas ocho horas al día en el trabajo, cinco días a la semana, durante la gran mayoría del año. Esto significa que si las relaciones que tienes con las personas con las que trabajas son deficientes, probablemente serás miserable por una parte significativa de tu vida. Un estado mental negativo en el trabajo se filtrará e impregnará las otras partes de tu vida, que, si no se controla, puede terminar convirtiéndote en una persona amargada y resentida. Hay dos categorías principales a tener en cuenta a la hora de gestionar y mejorar las relaciones que tienes en el trabajo.

La Importancia de la Positividad en el Lugar de Trabajo

Cuando se trata de mantener buenas relaciones a través de la comunicación en el trabajo, la positividad es la clave. Esto es cierto tanto de la actitud que como individuo aportas a tu trabajo como de la atmósfera del propio lugar de trabajo. Como miembro de tu lugar de trabajo, eres una de las personas que generan esa atmósfera, y eres en parte responsable de lo acogedor y solidario que se siente el lugar de trabajo.

Tener buenas relaciones con las personas con las que trabajas es una parte vital de tu éxito individual, así como el de la empresa. La felicidad y el éxito están estrechamente vinculados, aunque no en la forma en que mucha gente piensa que lo están. Mucha gente piensa que cuanto más exitosa sea una persona, más feliz será, pero en realidad, lo contrario es cierto; cuanto más feliz es alguien, más exitoso saldrán. El vínculo entre la vida laboral y la felicidad, sin embargo, es tangible. Si trabajas en un ambiente estresante y negativo, vas a estar estresado y negativo durante una gran proporción de tu vida, esto inevitablemente se filtra en tu vida hogareña y forma la perspectiva y el estado mental con el que te despiertas todos los días.

Una gran parte de cualquier entorno de trabajo son los compañeros de trabajo, las personas con las que interactúas todos los días y con las que trabajas en estrecha colaboración. Si tu actitud hacia el trabajo es negativa, las relaciones que tienes con tus compañeros de trabajo y, por lo tanto, el ambiente de tu lugar de trabajo será negativo, y si el ambiente de su lugar de trabajo es negativo, tu actitud hacia él también será negativa. El efecto de este círculo vicioso de negatividad son las malas relaciones con las personas con las que trabajas, lo que conduce a conflictos y resentimientos y hace que el lugar de trabajo sea un lugar aún más hostil. Es por esta misma razón que la positividad en el lugar de trabajo es tan importante. Si eres positivo, es probable que tu lugar de trabajo sea un lugar más positivo. Te sentirás más feliz y más satisfecho, y tendrás mejores relaciones con las personas con las que trabajas, además de tener más éxito.

Los beneficios de la positividad en el lugar de trabajo son inconmensurables y se extienden tanto a los empleadores como a los empleados. Aumenta la productividad; basta con mirar a empresas como *Google* que saben cómo mantener contentos a sus empleados, porque saben que los empleados felices son empleados productivos y una mayor productividad se traduce en un mejor resultado final. Un lugar de trabajo positivo generará más beneficios para una empresa que uno negativo. Un entorno de trabajo positivo también conduce a una reducción de dimisión de los empleados y una mejor retención de los trabajadores, lo que significa que los mejores empleados se quedan y mejoran aún más el lugar de trabajo estableciendo un alto estándar y ayudando a generar un gran ambiente.

Una de las razones más comunes que dan las personas para querer dejar su trabajo es un lugar laboral tóxico; hace que estar en el trabajo sea una experiencia muy desagradable y cáustica. La investigación que se ha llevado a cabo en las últimas dos décadas por el Diario de Piscología de la Salud Ocupacional ha vinculado fuertemente los entornos laborales negativos y tóxicos con el aumento de las tasas de depresión y abuso de sustancias. Mejorar tu propia mentalidad y actitud hacia tu lugar de trabajo a través de tu propia positividad ayudará a estimular lo mismo en otras personas, influyendo gradualmente en el ambiente de toda la empresa y asegurando que el tiempo que pasas en el trabajo es mejor para ti mismo y para todos sus compañeros de trabajo.

Si eres un empleador o eres responsable de otros miembros del personal en tu lugar de trabajo, la positividad se puede aplicar de dos maneras principales para mejorar la productividad tanto tuya como de las personas que te rodean, y como resultado de la empresa. Si tu equipo está trayendo buenos números, se reflejará bien en ti y mejorará tu posición dentro de la empresa, trayéndote a ti y a las personas con quien trabajas nuevas oportunidades. Es ganar-ganar. A continuación, te indicamos cómo poner en práctica la positividad:

Evaluación Positiva

Muchas personas pueden relacionarse con tener una figura de autoridad en algún momento de sus vidas para quien nada parece ser lo suficientemente bueno. Si esta ha sido tu experiencia, entonces no necesitas que te diga lo desmoralizador y frustrante que puede ser dar lo mejor de ti y que nunca sea apreciado, especialmente cuando sientes que estás haciendo un gran trabajo. Cuando das al personal evaluaciones y comentarios, siempre debes mantener las cosas tan positivas como sea posible y hacerle saber al personal que aprecias sus esfuerzos. Siempre indícales cómo sus acciones han sido beneficiosas para la empresa, y muestra gratitud por su arduo trabajo, tan a menudo como sea posible. Diles que lo están haciendo bien y que deben estar orgullosos de sí mismos por sus logros.

Puede ser tentador al evaluar al personal decir "Lo estás haciendo brillantemente, pero podría ser mejor". Esta actitud se deriva de un lugar de entendimiento en el cual siempre hay margen de mejora y un deseo de hacerlo lo mejor posible. El problema de hacer esto, sin embargo, es que socava la confianza del personal de su propia capacidad. La gente siempre puede hacerlo mejor, no importa lo excelente que sea su rendimiento. Usar la palabra "pero" después de elogiar al personal y seguir con la sugerencia de que podrían hacer mejor erosiona cualquier oportunidad para que realmente disfruten de los comentarios positivos que acaban de recibir.

Colgar la zanahoria del agradecimiento sólo para arrebatarla e informarles de que podrían estar haciendo más, tendrá un efecto negativo neto en la moral de los trabajadores. En cambio, permita que la positividad se quede y sea completamente absorbida por el personal agradeciéndoles y elogiándolos sin animarlos a trabajar más duro, por ahora. Permítales la oportunidad disfrutar en la brillante calidez de la sensación de hacerlo bien, dando una pausa y entregando creatividad positiva por separado.

Creatividad Positiva

Después de asegurarte de que estás evaluando positivamente a tu personal, puedes comenzar a fomentar la creatividad positiva además de elogiarlos y agradecerles. Esencialmente, todo esto consiste en separar el estímulo para hacerlo mejor de la declaración de que lo están haciendo bien. En lugar de decir 'pero podrías hacerlo mejor', trata de enmarcar cualquier estímulo por separado de los elogios ofrecidos. Siempre puedes llevar a tu personal al siguiente nivel incentivando que lo hagan aún mejor para obtener aún más recompensa. Tienes que tratar de expresarlo como si tuvieran la oportunidad de pasar a algo incluso mejor de lo que ya tienen para construir energía, orgullo y esperanza. Esto les permite avanzar y crear algo aún mejor a través del aprovechamiento de la energía y la creatividad proporcionadas por un lugar de trabajo positivo.

Si eres un empleado en lugar de un empleador o gerente, todavía tienes todas las motivaciones para hacer que tu lugar de trabajo sea un lugar lo más positivo posible a través de tu propia actitud positiva. Por un lado, un lugar de trabajo más feliz te hará una persona más feliz. Cuando te sientes tranquilo y en paz en el lugar de trabajo, estás relajado y satisfecho en lugar de estar estresado o ansioso por tu desempeño. La positividad, por lo tanto, no se trata sólo del lugar de trabajo. Se traslada a todos los aspectos de tu vida; tus relaciones, tus finanzas, tu familia y tu bienestar general se elevarán como resultado de ser más feliz y más satisfecho en el trabajo.

Consejo rápido: Llevar una actitud más positiva al trabajo contigo, también te traerá nuevas oportunidades en forma de aumentos y promociones. Tus jefes notarán tu mayor productividad y el efecto de aumento de la moral en el equipo. Atraerás la atención hacia ti como exactamente el tipo de persona que su empresa quiere y necesita, alguien con una gran actitud y ética de trabajo. Alguien que haga las cosas. Esto traerá nuevas posibilidades que no esperabas. Las puertas se abren, las conversaciones ocurren, y las cosas comienzan a moverse rápidamente para ti como resultado de tu iniciativa. Construyes nuevas relaciones con personas que te llevarán más y más allá en la vida, dándote la oportunidad de poner a prueba tus habilidades de comunicación y aprovechar al máximo las nuevas oportunidades que has conseguido tú mismo.

Comunicación en el Lugar de Trabajo

Una buena comunicación es absolutamente vital para una buena práctica profesional y empresarial. Es esencial en la construcción de las relaciones en las que estas cosas se basan en su núcleo, como cualquier persona de negocios exitosa te dirá: tener las conexiones correctas hace toda la diferencia, y construir las conexiones correctas implica ser un buen comunicador. También es un factor esencial para construir y mantener relaciones con los clientes, aumentar la rentabilidad y la eficacia del equipo, y comprometerse exitosamente con el personal. La comunicación positiva es mucho más que hablar, también; se trata de conectar con las personas a un nivel fundamental y muy humano. Un gran componente de la comunicación en el lugar de trabajo es la gestión de conflictos. Esto será abarcado en el siguiente capítulo, que abordará gestión de conflictos en las relaciones en todas las áreas de tu vida así como también en el lugar de trabajo.

La mejora de la participación de los empleados es uno de los resultados más beneficiosos de la comunicación positiva en el lugar de trabajo. Es decir, los empleados se sienten más conectados y con mayor grado de inversión personal en su lugar de trabajo cuando tienen relaciones positivas con sus compañeros de trabajo y la dirección. Cuando los empleados están más comprometidos en el lugar de trabajo, se alinean más estrechamente con los objetivos y metas de la empresa y ayudan a toda la empresa a ser más eficiente y más productiva. También obtienen una mayor comprensión de los demás, lo que significa que las habilidades y talentos que de otra manera podrían haber pasado desapercibidos se pueden resaltar y cultivar dentro del entorno de trabajo para aprovecharlos al máximo mediante el uso de individuos en los roles dónde destacan. Esto resulta en una fuerza de trabajo más talentosa y productiva.

Una buena comunicación en el lugar de trabajo tiene una serie de otros beneficios tanto para los empleados como para sus empleadores. Conduce a una cultura de trabajo más abierta, más adecuada a la innovación y al pensamiento creativo. Mejora la creación de equipos y da a todos una voz, lo que conduce a una mejor satisfacción de los empleados, una mayor moral y un lugar de trabajo mucho más positivo. Permite un mejor crecimiento y gestión, y una mejor eficiencia cuando se trata del uso de los recursos.

Mejorando la Comunicación en el Lugar de Trabajo

Poner mejor comunicación en práctica en el lugar de trabajo requiere enfocarse en unas pocas áreas clave de consideración:

- **Metas y expectativas bien definidas**: Los objetivos y las metas deben ser ratificados claramente tanto por la dirección como por los empleados. El personal debe saber exactamente lo que se espera de ellos y debe tener sus propias metas y expectativas de sí mismos que comparten con la gerencia. Cualquier objetivo fijado debe ser alcanzable para aumentar la moral; establecer metas poco realistas sólo conduce a la decepción cuando las personas son inevitablemente incapaces de cumplirlas. Todos los miembros del personal deben ser conscientes de los objetivos de cada proyecto y de la organización en su conjunto.

• **Mensajes claramente entregados**: Todos los elementos de comunicación deben ser claros, fácilmente comprensibles y accesibles para todos los que necesitan verlos. Es importante hablar de manera clara y educada para asegurarse de que el mensaje se entienda claramente y no cause ninguna confusión ni lastime los sentimientos de nadie. También debes considerar el medio a través del cual se expresará el mensaje. Mientras que las conversaciones cara a cara suelen ser la mejor manera de transmitir mensajes, a veces se requieren otros medios, como correos electrónicos o notas escritas. Tómate el tiempo para pensar en la mejor manera de transmitir un mensaje a las personas adecuadas.

•   **Inclusión y participación**: Es vital que todos en el lugar de trabajo se sientan escuchados e incluidos. Todo el mundo debe estar al día. Si las personas se quedan fuera del circuito y se pierden noticias e información importantes, se sentirán excluidas. Parte de involucrar a todos en el lugar de trabajo es tomarse el tiempo para escuchar a todos y tener constantemente líneas de comunicación abiertas para que todos tengan una voz. La comunicación es una calle bidireccional, por lo que los comentarios siempre deben ser valorados y respetados. Fomentar un ambiente abierto en el lugar de trabajo conduce a un mayor nivel de confianza mutua y respeto entre todos los miembros individuales del equipo, lo que resulta en un mayor rendimiento general.

Capítulo Tres:
Gestión de Conflicto

Una parte importante de convertirse en un buen comunicador y aprender a manejar mejor las relaciones que tienes, es aprender a lidiar con los conflictos. Desafortunadamente, el conflicto es un hecho de la vida. La gente pelea y tiene desacuerdos todo el tiempo, sobre prácticamente cualquier cosa, y si quieres tener éxito en comunicarte positivamente es vital que aprendas a manejar los conflictos de manera adecuada y apropiada para que puedas hacerte cargo de situaciones complicadas y dirigirlos en la dirección correcta, sin importar el contexto en el que se produzcan.

Gestión de Conflictos en el Trabajo

Los conflictos pueden ser particularmente difíciles de tratar cuando ocurren en el lugar de trabajo. La tensión y los conflictos abiertos reducen la productividad y la eficiencia y crean un entorno de trabajo negativo y tóxico. La mayoría de los conflictos y casi todos los conflictos prevenibles se derivan de la falta de buena comunicación. Por lo tanto, es esencial que hagas todo lo viable para cortar cualquier conflicto de raíz y evitar que surja, estableciendo una buena comunicación con y entre las personas con las que trabajas y entre cualquier empleado del que seas responsable.

En general, el conflicto en el trabajo tiende a reducirse a un patrón profundo de malentendidos y mala comunicación entre los empleados que se convierte en un conflicto más obvio debido a ciertas circunstancias o eventos estresantes. Muchos empleados tolerarán una comunicación menos que adecuada de ciertas personas para no hacer una escena o causar ningún drama, lo que significa que el conflicto puede parecer salir de la nada cuando se producen puntos de inflamación que desencadenan una reacción alimentada y exacerbada por sentimientos negativos acumuladas. La comunicación es difícil en el mejor de los momentos, pero es aún más difícil cuando se producen situaciones estresantes. Mantener una atmósfera positiva que busque aliviar y minimizar el estrés para todos evitará la probabilidad de que estas situaciones ocurran en primer lugar y reducirá la gravedad de las mismas cuando lo hagan. Si todos los empleados entienden que no hay necesidad o lugar para el drama en el trabajo, será más probable que se sienten y hablen las cosas con sensatez y paciencia en lugar de dejar que sus emociones hablen por ellos y causen una atmósfera tóxica.

La mayoría de los conflictos se reducen a malentendidos debido a una mala comunicación. Incluso cuando las personas sienten que se están comunicando bien, es difícil para ellos saber si realmente lo están haciendo o no, a menos que tengan una buena comprensión del estilo de comunicación de las personas con las que están hablando. Si están hablando con alguien con un patrón de comunicación diferente, ambas partes pueden terminar por distanciarse con ideas muy diferentes sobre lo que se espera de ellos y cómo hacerlo. Esto puede conducir a problemas en el futuro, especialmente si hay graves consecuencias en esta comunicación errónea y la gente siente que sus trabajos están en juego, en cuyo caso es probable que se vuelvan a la defensiva. Reconocer que cada uno tiene diferentes patrones y estilos de comunicación a través de reuniones de grupo y sesiones de capacitación puede ser una gran manera de cultivar una mayor comprensión de las sutiles diferencias en las formas en que las personas procesan y entienden la información. Hacer esto también se puede utilizar como una manera de permitir que las personas descubran los patrones de comunicación de sus compañeros de trabajo, y para enfatizar la importancia de comprobar dos veces que ambas partes entienden completamente algo antes de ponerse a trabajar en eso.

Las causas más graves de conflicto en entornos laborales incluyen personas que se sienten ignoradas, como si sus necesidades emocionales no se estuvieran satisfaciendo y que se aprovechan de ellas y son manipuladas. Cuando el conflicto estalla en torno a estos problemas, puede ser más difícil y complicado de resolver, especialmente si hay un aire de tensión significativo en las secuelas. Poner buenas bases de comunicación y tener poca tolerancia a un comportamiento injusto o maligno en el lugar de trabajo ayudará a evitar que este tipo de conflicto ocurra en primer lugar.

Cuando estalla el conflicto, la primera prioridad para todos los presentes debe ser reducir la tensión y poner fin al conflicto inmediato lo antes posible. Una vez que esto se ha logrado, un período de reconocimiento, comunicación y reparación de las relaciones dañadas es vital para resolver tanto la causa raíz como cualquier síntoma de conflicto y permitir que las cosas vuelvan a la normalidad. Esto se puede lograr mediante la dirección y los recursos humanos que intervienen para mediar y permitir que todas las partes involucradas hablen y lleguen a una resolución sobre los temas que causaron conflictos en primer lugar. Una parte clave de este proceso es reconocer y aceptar el hecho de que el conflicto ocurrió en primer lugar, en vez de tomar medidas para enterrarlo u ocultarlo.

Consejo rápido: A veces, te encontrarás en el centro del conflicto por accidente. Gestionar el conflicto por sí mismo en el trabajo es sobre todo acerca de la actitud que se toma hacia él. Siempre debes intentar mantener la compostura y la profesionalidad poniendo el trabajo en primer lugar y asegurándote de seguir los pasos adecuados para reportar cualquier comportamiento negativo, tóxico o no profesional tan pronto como sea posible a través de los canales apropiados. No te dejes arrastrar si alguien está siendo intencionalmente difícil o antagónico al responderle de igual manera. La capacidad de mantener la cabeza fría y pensar claramente en situaciones estresantes te diferenciará y te ayudará a avanzar en tu propio puesto, así como a manejar cualquier conflicto en el que te encuentres de una manera positiva.

Lidiando con Personas Negativas

Todo el mundo tiene personas negativas en sus vidas, y todo el mundo es negativo de vez en cuando. Es parte del ser humano. Sin embargo, algunas personas son más negativas que otras, hasta el punto de que tienen un efecto consistentemente tóxico en la vida de las personas a su alrededor por una razón u otra. Lo importante a entender aquí es que la negatividad casi siempre proviene de un profundo dolor emocional. Las personas que están sufriendo por dentro actúan y lastiman a las personas que los rodean de maneras que no son necesariamente típicas para ellas. La mejor manera de tratar con personas negativas en tu vida es, por lo tanto, acercarte a ellas con una mentalidad amable, compasiva y empática. Siempre intenta de tratar a las personas de la forma en la que te gustaría que te trataran, independientemente de cómo te traten a ti.

Para muchas personas negativas, tratar mal a los demás es un mecanismo de autodefensa destinado a ayudar a preservarse frente a lo que ven como amenazas para sí mismos, por cualquier razón. No excusa su comportamiento, pero sí ayuda a explicarlo. Cuando la gente se siente acorralada, actúa. Las personas más negativas son personas que están en un gran dolor y no saben cómo lidiar con él. La mayoría de las personas están haciendo lo mejor que pueden con la información que tienen a la mano en cualquier momento.

Tratar con personas negativas de la manera correcta es ante todo cambiar su propia actitud, estado mental y opiniones sobre ellos. Ponte en posición de observar, en lugar de juzgarlos, y evita involucrarte en la negatividad. Trate de estar interesado en entender a las personas en lugar de centrarte en lo mucho que no te gusta o desapruebas sus rasgos negativos. Al final del día, nadie tiene el poder de resolver los acertijos de la vida de una persona. Las circunstancias se manifiestan a nosotros y las situaciones se desarrollan de tal manera que a menudo somos incapaces de ver una mejor manera de hacer las cosas porque estamos demasiado aferrados a las cosas que nos causan dolor. En lugar de borrar a la gente o juzgarla, podemos verlas como las personas fascinantes y problemáticas que son. Si puedes aprender a ver las cosas de esta forma, te encontrarás en una posición muy poderosa; no te cambia, ni te cuesta, ni altera el curso de tu vida el permitir que las personas tengan sus propios asuntos. Simplemente te ayuda a entenderlos.

Tomar esta perspectiva es una técnica increíblemente útil y empoderadora cuando se trata de tratar con las personas negativas en su vida. Es una manera de dejarse llevar en presencia de la negatividad sin permitir que afecte a tu propio estado de ánimo y estado mental. Intenta tomar la posición contigo mismo de que la negatividad no tiene ningún control sobre ti a menos que lo permitas. No es tu jefe, y no te vuelves negativo a menos que le des a tu negatividad el espacio que necesita para respirar. Para que tu estado mental y estado de ánimo se vuelvan negativos, primero tienes que entregar tu vida emocional y positividad. Siempre tienes la opción de permitir que cualquier sentimiento negativo se disipe en lugar de complacerlos. Puedes elegir y mantener tu posición en la vida. Tú decides cuán positiva o negativa es tu perspectiva y te apropias de una cierta actitud. Es una buena idea elegir una que te sirva bien y te haga feliz. No tienes que ceder a los intentos de personas negativas para caer en su mentalidad negativa.

Consejo rápido: Elegir tratar a las personas negativas que te rodean con amor y bondad no significa que tengas que permitir ser pisoteado. La distancia es necesaria para cualquier relación, y si alguien está teniendo un efecto negativo en ti, te lo debes a ti mismo y a tu propia felicidad, estar preparado y dispuesto a poner un poco de distancia entre ellos y tú. Sé valiente y sé amable, y no dejes que la gente te aleje de tu resolución para ser amable, amoroso y actuar con integridad, porque esas cosas vienen de adentro, no de lo que otras personas observan. No necesitas el permiso o la validación de nadie más para ser feliz dentro de ti mismo.

Cómo Lidiar con Relaciones Tóxicas

Las personas tóxicas pueden tomar muchas representaciones y formas diferentes en tu vida. Podrías encontrarte con una persona tóxica en una tienda de comestibles que te regaña porque está teniendo un mal día, o podrías tener un amigo, pareja, hermano o padre tóxico del que no puedes simplemente alejarte porque son una gran parte de tu vida. El comportamiento tóxico varía ampliamente, desde simple mezquindad y actitudes de mente pequeña hasta acoso y manipulación persistentes. Manejar a las personas y las relaciones tóxicas es complicado como resultado de esto, así que vamos a dividirlo en subcategorías con el fin de abordar más exhaustivamente las situaciones tóxicas más probables que puedes enfrentar en tu propia vida.

Manejando Interacciones Tóxicas

Las interacciones tóxicas son aquellas conversaciones y experiencias que tenemos con personas que nos dejan sentirnos significativamente peores de lo que nos sentimos de antemano. De esta manera, se pueden comparar con tener un roce con una planta venenosa o un animal: piensa en cómo se siente mover la pierna contra las ortigas, donde hay una sacudida inicial de dolor agudo que es seguida por irritación y ardor con el tiempo. Lo mismo se aplica al tener un roce con una persona tóxica. Tratar con interacciones tóxicas se puede manejar de una manera muy similar a cómo responderías a ser picado.

La primera etapa en el manejo de interacciones tóxicas es en realidad una medida precaucionaría y preventiva. Puedes desarrollar resiliencia a las experiencias tóxicas practicando el cuidado personal, como dormir lo suficiente, hacer ejercicio regularmente y llevar una dieta saludable y nutritiva. Cuidarte haciendo estas cosas te servirá para reforzarte y fortalecerte mentalmente, lo que significa que te verás menos afectado por tener un roce con alguien tóxico. Su comportamiento será más probable que se rompa en ti como agua en una roca sin paralizarte o desmoronarte internamente porque estás haciendo lo necesario para evitar que el comportamiento tóxico te afecte más intensamente.

Inmediatamente después de estar expuesto a alguien tóxico, tu primera prioridad debe ser limpiar y enjuagar la herida con el fin de diluir el veneno y minimizar los efectos iniciales de tener contacto con alguien que es tóxico. Una buena manera de hacer esto es hablar con otra persona con el fin de desahogarte de la experiencia y evitar que te coma por dentro lentamente de forma aislada. Confirmar con otra persona que el comportamiento que tuviste en el extremo emisor era, de hecho, tóxico puede ayudarte a sentirte menos solo y menos como una víctima de la experiencia que tuviste. A continuación, puedes empezar a tratar de poner las cosas en perspectiva. Cuando acabamos de tener una interacción horrible con alguien, tendemos a sentirnos abrumados por lo que ha sucedido. Es todo en lo que podemos pensar, así que nos etenemos en ello y lo construimos en nuestras mentes hasta que se transforma en algo que no es en realidad. Por lo tanto, puede ser muy útil dar un paso atrás y ver el panorama general, para ver que en el gran esquema de las cosas, una interacción tóxica no significa mucho en absoluto. Es horrible en el momento cuando no podemos ver el bosque debido a los árboles, pero cierta distancia y perspectiva nos ayuda a ver estas cosas como realmente son.

La segunda etapa es eliminar el veneno para volver a una mentalidad más sana y positiva. Esto puede tomar la forma de medidas de autoayuda como el entrenamiento de positividad, o vías más profesionales como la terapia o el asesoramiento. El objetivo es condicionar tu mente con el fin de enmarcar experiencias negativas pasadas de una manera diferente para que seas capaz de enviarlas lejos después de haber aprendido todas las lecciones posibles de ellas, y luego seguir adelante pensando en eso como cualquier otra parte de tu pasado. Cambiar la actitud que tienes con las cosas negativas y tóxicas que te han sucedido te permite sentirte cómodo con haberlas tenido y ser capaz de seguir adelante sin que te pesen, algo que puede ser una experiencia increíblemente liberadora.

Otro factor en la curación después de haber tenido una interacción con alguien que es tóxico es evaluar el tipo de personas que quieres que te rodeen. Esto es especialmente importante cuando la persona con la que tuviste una experiencia negativa o tóxica es alguien con quien estás cerca o ves mucho. Si este es el caso, es posible que desees considerar poner cierta distancia entre ustedes o incluso dejarlos ir de tu vida por completo si la distancia no es suficiente. Nuestras personalidades tienden a ser un promedio de las cinco personas con las que pasamos más el rato, lo que significa que si pasamos mucho tiempo con personas negativas o tóxicas experimentaremos una parte de su personalidad negativa y comportamiento tóxico rozándonos y convirtiéndose en un parte de lo que somos. Obviamente, esto no es algo que queremos que suceda, así que tenemos que ser capaces de defendernos a nosotros mismos, nuestra felicidad, bienestar y vida emocional de personas cuya presencia nos afectaría negativamente, intencionalmente o no. Tenemos que esforzarnos por forjar relaciones positivas, inspiradoras y edificantes en nuestra vida que nos potencien y enriquezcan para alcanzar nuevos niveles de paz y bienestar que contrarresten personas y experiencias negativas.

Personas que Toman Ventaja de Ti

Lo más probable es que hayas experimentado a gente intentando manipularte o aprovecharse de ti. Si no lo has hecho, eventualmente lo harás. Es parte de la vida como animal social. Mucha gente ve esto de una manera muy negativa y pesimista. Lo ven como un síntoma del egoísmo y la codicia, que podemos convencer a la gente para que haga lo que queremos y podamos beneficiarnos de ello. Aceptar que hay personas por ahí que tratarán y lograrán aprovecharse de ti puede ser una sensación liberadora, ya que significa que estás en una posición mejor para ver las señales de advertencia cuando una persona te tiene en la mira, por lo que podrás tratar de prevenir que suceda, al colocarte en una posición para evitarlo o reducir el efecto que tendrá en ti.

Una vez que alguien tiene sus garras en ti y se está aprovechando activamente o manipulándote, puede ser muy difícil de tratar. Detener a una persona de aprovecharse de ti en primer lugar puede ser bastante difícil, pero cuando ya han retorcido el cuchillo lo suficiente como para comenzar a ver recompensas, sólo se doblarán y lucharán contra tus intentos de liberarte de sus manos. Las armas que un manipulador puede empuñar son variadas, pero por lo general implican intentos de hacerte sentir culpable o como si los estuvieras decepcionando al negarte a hacer todo lo posible para ayudarlos, así como a encenderte jurando que tu memoria está mal y que su versión de los acontecimientos es la correcta, incluso si sabes de hecho que no lo es. Un ejemplo de esto es si tu pareja se aprovecha de ti al permitirte cocinar sus comidas, se enoja y molesta cuando incluso sugieres tomar turnos para cocinar para ambos, y dice que eres la razón por la que está molesta y que si sólo le hicieras la comida dejarías de hacer su vida difícil, y luego te manipula al asegurar que aceptaste hacer la cena esa noche, aunque sabes que no lo hiciste. Sí. Divertido.

Lo importante que debes recordar aquí es que no le debes nada a nadie. Las personas amables y compasivas son los mejores objetivos para las personas que buscan beneficiarse de las pérdidas de otras personas, ya que a menudo pueden ser empujadas más lejos y más rápido que las personas menos empáticas, que obstruirán los intentos de aprovecharse de ellas rápidamente y no cederán su posición. Si estás siendo maltratado, no importa quién lo esté haciendo, no tienes que soportarlo. Es algo que has permitido que suceda, incluso si no has notado antes que es abusivo. El mundo puede ser un lugar duro e implacable, y algunas de las cosas que tienes que hacer para cuidarte serán cosas que no quieres hacer, cosas que tienes miedo de hacer; pero al final del día, tienes que hacerlas para ser una persona feliz y bien adaptados. Tienes que ser amable y valiente, y asegurarte de hacer lo que hay que hacer para ponerte primero y dejar de ser manipulado por depredadores astutos y calculadores que te usarían para su propio interés.

Para mucha gente, confrontar a la persona o personas que los maltratan o se aprovechan de ellos, parece peor que simplemente soportarlos y hacer lo que quieren. Tener miedo de la confrontación no es algo malo, pero te impedirá sentirte completo en tu vida si lo permites. Ser valiente no se trata de no tener miedo. Se trata de sentirse asustado y aterrorizado y temeroso de hacer algo y luego hacerlo de todos modos. La vida es un juego de riesgo y azar. Es posible que no te escuchen, que te rechacen o te invaliden, pero no importa. Tienes que estar preparado para defenderte, para tener el valor y decirte a ti mismo que no estás dispuesto a soportar ser el títere de nadie nunca más.

Cuando una relación no es saludable o tóxica, tienes que tener fronteras y límites que describan lo que está y lo que no está bien para ti, y lo que no estás dispuesto a soportar de otras personas. Pregúntate en qué posiciones estás dispuesto a ponerte. Establecer estos límites y cumplirlos no se siente como algo particularmente agradable de hacer, pero es necesario. Ciertamente no es agradable, pero tampoco lo son muchas de las cosas que tenemos que hacer en la vida para sobrevivir, florecer y prosperar. La simple verdad es que la vida es una gran experiencia de aprendizaje. Es una oportunidad de crecimiento, y el crecimiento no sucederá si no sales de la seguridad de tu zona de confort. Si te sientes cómodo, no estás creciendo. Si quieres progresar como persona, tienes que permitirte salir de tu profundidad de vez en cuando para poder superar tus límites. Tienes el control de las relaciones que posees con las personas. Puedes determinar qué tipo de relación tienes con ellos y cuán cerca o distante estás. Puedes decidir cuánto estás dispuesto a dar a cualquier persona y, por lo tanto, la medida en la que pueden aprovecharse de ti en primer lugar.

Tienes que aprender a afirmarte para protegerte de la exposición y manipulación tóxica. Esto no significa que tengas que ser agresivo; puedes ser asertivo sin dejar de ser amable y tranquilo. Ser asertivo es enviar un mensaje claro a las personas que te rodean de que no estás dispuesto a soportar sus intentos de controlarte o derribarte e indicar que estás preparado para defenderte de ellos si es necesario. Está bien optar por no tener una conversación cuando no está funciona para ti. Está bien alejarse del diálogo, de un evento, de una situación o de cualquier cosa que te incomode o simplemente no es lo mejor para ti en un momento dado. No le debes a nadie una explicación por hacer lo que tienes que hacer para cuidarte. Ponte en primer lugar, porque eso es lo que tienes que hacer para sobrevivir y ser feliz en este mundo.

Establecer límites puede implicar cualquier número de cosas, y depende en gran medida de la naturaleza de la relación que tienes con alguien. Lo más importante es que puedes decidir cuáles son estos límites. No son negociables. Si no te sientes cómodo con algo, entonces establece un límite. Si tu amigo confía en ti para sacarlo de problemas financieramente, entonces dile que no le prestarás más dinero, y luego mantén tu palabra. Establecer límites es inútil si no estás preparado para aplicarlos. Si has dibujado una línea en la arena y alguien la cruza, debes estar listo para tomar medidas y mostrarles que su comportamiento tiene consecuencias. Si todo lo que haces son amenazas vacías que no estás dispuesto a efectuar, se aprovecharán de ti tan pronto como las personas que te usan se den cuenta de tu renuencia a cumplir límites estrictos. Te pondrán a prueba para ver cómo reaccionas, y luego se amontonarán en lo que puedan conseguir si huelen sangre.

Una vez que realmente hayas establecido límites, descubrirás que llegas a una situación de "hacer o romper" en tu relación con una persona manipuladora. Aquí es donde puedes decidir si renovar la relación y empezar de nuevo con una nueva dinámica y diferentes expectativas y reglas, o dejarla atrás por completo y seguir adelante sin esa persona en tu vida. La elección que tomes aquí dependerá en gran medida del tipo de relación que tengas con una persona; es mucho más fácil dejar a un antiguo amigo atrás que cortar lazos con tus padres. Si crees que la relación puede salvarse o es demasiado importante para soltarla, entonces tienes que comprometerte a cambiarla para que ya no sea dañina o tóxica. Tienes que reinventar la relación para que funcione en términos que sean aceptables para ti. La vieja relación tiene que ser dejada atrás en su totalidad. No puedes volver a cómo eran las cosas, porque si eso no funcionaba para ti antes nunca lo hará. Si no puedes tener una relación saludable con alguien, podría ser momento de considerar liberarlo de tu vida para que puedas seguir adelante y rodearte de personas más positivas y solidarias. Libéralos y haz que se conviertan en parte de tu pasado, en lugar de ser parte de tu presente o de tu futuro. Está bien dejar ir a la gente. Ser parte de tu vida es un privilegio que concedes a las personas, no su derecho. Si no es factible, práctico o posible que una persona permanezca en su vida, tienes todo el derecho de dejar que se vaya.

Tal vez la parte más importante de manejar una relación difícil o manipuladora con alguien es aprender realmente cómo practicar el perdón. Ya sea que decidas mantener a una persona así como parte de tu vida en nuevos términos o tienes que dejarla ir, tienes que ser capaz de perdonarla. Eso no significa que estés excusando su comportamiento abusivo o aventajado; no los estás dejando libres o perdonándolos por sus errores. No te estás haciendo débil o abriendo la puerta para que te manipulen de nuevo en el futuro. Lo que estás haciendo es dejar el equipaje emocional que has acumulado como resultado de esta persona en el pasado, donde pertenece, en lugar de llevarlo contigo al futuro. El perdón consiste en dejar atrás la carga de su memoria para que puedas seguir adelante en paz.

Tratar con relaciones de naturaleza tóxica o abusiva siempre es difícil, pero puede ser particularmente difícil de manejar cuando es alguien con quien tienes una relación romántica. Estar tan cerca de alguien a veces puede cegarnos a su lado negativo y les permite salirse con la suya con cosas que de otra manera no toleraríamos de nadie más, particularmente si el abuso es sutil y de carácter emocional, en lugar de físico. Esto hace que sea aún más importante tomar nota de cualquier alerta roja y buscar consejo entre amigos o familiares sobre la relación cada vez que sientas la necesidad de hacerlo. Las relaciones románticas tóxicas y abusivas a menudo implican que el abusador separe a su víctima de la red de apoyo, así que mantente atento al control y al comportamiento dominante como los intentos de restringir con quién puedes o no hablar.

Manejando Amigos, Parejas y Familiares Tóxicos

Las personas tóxicas pueden tomar cualquier papel en tu vida. Pueden ser tu amigo, tus padres y tus hermanos. A veces, es posible que ni siquiera nos demos cuenta de que alguien es tóxico hasta que los hemos conocido a lo largo de varios años, momento en el que están arraigados en nuestras vidas y son difíciles de eliminar. Un hecho difícil de la vida es que las personas más cercanas a ti son las personas más capaces de hacerte daño. Estas son las personas que tienen más acceso a ti y el mayor poder sobre ti. El hecho de que estés cerca de ellos emocionalmente y en términos de proximidad física significa que no puedes simplemente sacarlos de tu vida más fácil a la primera señal de problemas, y las personas tóxicas usarán esto en su beneficio para mantenerse cerca de ti y llenar tu vida con su veneno corrosivo.

Una característica común del comportamiento tóxico es menospreciar con frecuencia a otros sin razón aparente, que es una característica que puede ser increíblemente agotadora e hiriente para aquellos en el extremo receptor de la misma. Aunque pueda parecer que estos actos de menosprecio no tienen una causa o motivación aparente, a menudo son el resultado de personas que se sienten negativas de sus propias vidas y se sienten mejor insultando a los demás. Además, algunas personas tienen una sensación enfermiza de satisfacción por hacer que otros se sientan mal. Cuando ven que sus palabras tienen un efecto serio en otras personas, se sienten poderosas y fuertes. Tal vez les guste controlar o dominar los sentimientos de los demás para sentirse bien. Este tipo de comportamiento es indicativo de abuso emocional, y a veces puede ser de carácter patológico, lo que significa que proviene de una enfermedad mental o trastorno.

Lo principal a tener en cuenta al abordar el comportamiento tóxico de personas cercanas a ti es que la mayoría de las veces, la razón para que te menosprecien o te acosen es que el perpetrador está buscando una reacción de ti que los haga sentir bien. Tu reacción, aunque no es tu culpa, por supuesto, es lo que perpetúa el comportamiento y cierra el bucle, formando un círculo vicioso de toxicidad. Con el fin de romper el ciclo, tienes que cambiar la forma de reaccionar a los menosprecios e insultos que están dirigidos a ti. Puede hacerlo haciendo un inventario de tu propio comportamiento y notando cómo reaccionas a críticas o derribos constantes y consistentes. Cuando estás herido y molesto, es probable que te pongas a la defensiva. Esta reacción es exactamente lo que una persona tóxica espera. Cuando reaccionas así, les estás dando exactamente lo que quieren. Si puedes entrenarte para desconectar tu reacción de los estímulos, en su lugar puedes responder con algo neutral o incluso ignorar completamente el insulto. Sin la respuesta que están buscando, el perpetrador tiene poco incentivo para seguir menospreciándote y eventualmente se aburrirá y se detendrá.

Consejo rápido: Una buena manera de lidiar con este tipo de comportamiento tóxico y evaluar si proviene o no de un lugar maligno o simplemente de una falta de autoconciencia es utilizar una estrategia llamada "identificar, verificar, aceptar". El primer paso aquí es identificar exactamente cómo te sientes acerca de estar expuesto al comportamiento negativo y tóxico que estás experimentando. Después, puedes verificar si así es como la persona quería que se sintieras explicándoles cómo su comportamiento te hace sentir y preguntándoles si esa era su intención. La respuesta que recibirás a esto puede ir desde la realización repentina y las disculpas sinceras hasta la negación, como decir que eres demasiado sensible y es tu culpa que estés molesto. No importa la respuesta que recibas, la etapa final es aceptarla. Les has hecho saber confrontándolos que la forma en que te tratan tiene un impacto en ti y no estás dispuesto a soportarlo. La forma en la que procedes depende de ti, pero debe implicar una cantidad de reflexión y evaluación del tipo de relación que deseas tener con esa persona. Como he indicado anteriormente si no son una influencia positiva en tu vida, deberías pensar con detenimiento sobre el tipo de distancia que quieres mantener con ellos y si quieres o no tener una influencia tan tóxica y corrosiva como parte de tu vida.

Capítulo Cuatro:
Ser un Mejor Oyente

Cuando se trata de comunicación, no hay habilidad más importante que la capacidad de escuchar. Es la clave para una buena comunicación. Sin embargo, es más fácil para a algunas personas que otras. La falta de una buena comunicación y escuchar adecuadamente obstaculiza significativamente las relaciones. No pueden ser positivas ni sustanciales o de profundidad real sin lo anterior.

Cómo Convertirte en un Mejor Oyente

Las mujeres tienden a ser oyentes naturales a diferencia de los hombres, y por lo general pueden practicar la habilidad mucho mejor que sus homólogos masculinos. Como cualquier habilidad, sin embargo, puedes aprender a ser mejor oyente trabajando duro. Con un poco de dirección y esfuerzo, puedes aprender cómo convertirte en un mejor oyente con el fin de abrir nuevas relaciones con las personas en áreas clave de tu vida, así como mejorar las actuales y reforzar viejos lazos.

Escuchar de manera más efectiva

La escucha efectiva consiste en la capacidad de enfocarse en lo que se está diciendo. Toda comunicación es esencialmente un proceso de un emisor, u orador, información codificada para ser decodificada por un receptor, u oyente. Si un oyente entiende no sólo lo que un orador está diciendo, sino que comprende completamente el punto más amplio que está tratando de establecer, la comunicación entre los dos ha tenido éxito. Aprender a escuchar más eficazmente significa trabajar activamente para mejorar en algunas áreas clave con el fin de asegurarte de decodificar la información correctamente y comprender el punto que el orador está tratando de hacer, tan bien como sea posible. Tu trabajo como oyente es entender, no estar de acuerdo. Simplemente tienes que tratar de entender de donde vienen y escucharlos completamente, de un ser humano a otro, independientemente de si personalmente estás de acuerdo con el contenido de la comunicación.

La concentración mental es importante aquí. Necesitas concentrar toda tu atención en mantenerte al tanto con lo que se está diciendo, en lugar de permitirte pensar en otras cosas o dejar que tu atención divague o se distraiga. Esto puede ser muy difícil de hacer a veces, particularmente cuando estás en un ambiente abrumador o ruidoso donde hay un montón de estímulos diferentes a los que tu mente querrá prestar atención en lugar de lo que dice la persona que estás tratando de escuchar. Si la conversación es importante, siempre es una buena idea asegurarse de que los dos están en un lugar tranquilo para que tengas la oportunidad de escuchar correctamente lo que se está diciendo.

Es un concepto erróneo común que escuchar adecuadamente requiere un silencio total por parte del oyente. De hecho, el silencio total hace que sea más difícil para ambas partes comunicarse, ya que el orador necesitará señales verbales y visuales como afirmaciones positivas de comprensión, contacto visual y asentimientos de cabeza para confirmar que lo que han dicho ha sido entendido. Sin estas cosas, los oradores tienden a dudar de sí mismos y se preguntan si su audiencia está prestando atención o si simplemente están en otro lugar mentalmente. Si estás haciendo un esfuerzo real para entender, puedes reconocer lo que se está diciendo dándole al orador estas indicaciones de que entiendes; este proceso se conoce como audición reflexiva y es una de las mejores cosas que puedes hacer con el fin de mejorar tus habilidades auditivas. Cuando practiques la audición reflexiva, verás que el orador se entusiasma y se siente tranquilo por tu atención, dándole el valor de expresarse plena y adecuadamente, al saber que será escuchado y recibido correctamente. Cuando estás entendiendo correctamente lo que un orador está tratando de decir, tu audición reflexiva será recibida con entusiasmo y confirmación del orador de que estás captando el significado. Del mismo modo, si lo estás malinterpretando, dudará, reiterará sus puntos con diferentes palabras y te ayudará a entenderlo mejor dondequiera que haya puntos de contención.

Si bien no debes permanecer callado, escuchar eficazmente se trata de escuchar más de lo que hablas. Tienes dos orejas y una boca, y debes tratar de utilizarlas en aproximadamente esta proporción tanto como sea posible. Si tienes un punto que quieres hacer o sientes que tienes la respuesta que una persona está buscando, espera tu turno para hablar. No te apresures a interrumpirlos; hablar no es tu papel cuando estás escuchando. Tu función es entender, y llegará un momento en el que podrás hacer cualquier acotación que puedas tener. Incluso puedes descubrir que escucharlos completamente anula la necesidad de decir algunos de tus puntos o incluso cambia lo que deseas decir por completo.

Escuchar es una herramienta extremadamente poderosa. Si alguna vez estás en una reunión con un gran comunicador, notarás que escuchan atentamente y esperan hasta que todos los demás hayan hablado antes de que tomen su turno para hablar. Esto se debe a que entienden el valor de escuchar, de abrir sus oídos y su mente. Les permite hacer una declaración sólo una vez que han escuchado lo que todos los demás tienen que decir, lo que significa que están trabajando con más información de la que tenía cualquier otra persona y pueden construir una respuesta mucho más completa y vigorosa. Tener la paciencia de esperar hasta el final y luego hablar impresionantemente también otorga a estas personas una gran cantidad de importancia y respeto a los ojos de los que les rodean, quienes los verán como la persona más inteligente en la habitación cuando realmente son sólo muy efectivos oyentes.

Cuando no escuchamos correctamente, terminamos recibiendo una comprensión errónea de lo que el orador está tratando de compartirnos. Esto puede llevarnos a hacer suposiciones que no contienen cabida, a desacuerdos innecesarios y evitables, frustración y conflictos entre el oyente y el orador. Si en cambio damos a las personas espacio y tiempo para ser plenamente comprendidos a través de escuchar pacientemente y con toda nuestra atención, podemos tener una comunicación mucho más eficiente y eficaz. Escuchar correctamente requiere toda tu atención: no puedes escuchar a alguien y hacer cualquier otra cosa al mismo tiempo. Dar a las personas el tiempo y el espacio para ser plenamente comprendidos también te beneficiará directamente cuando sea tu turno de hablar, ya que muy probablemente será correspondido por la persona que acaba de escuchar.

Escuchar de manera más empática

Convertirse en un mejor oyente también se trata de aprender a escuchar más empáticamente. Esto implica hacer una conexión real y tangible con el orador a través del uso de empatía para imaginar vívidamente la forma en la que se sienten acerca de lo que están hablando. Aprender a escuchar más empáticamente es más difícil que aprender a escuchar más eficazmente. Si bien hay algunas herramientas y métodos directamente aplicables para hacer esto, también implica tener un deseo genuino y fundamental de conectarse y entender a la persona que habla. Esta es una habilidad que no se puede enseñar. Tiene que venir desde adentro, de un lugar mucho más profundo que esa necesidad para acceder a niveles más superficiales de cuidado como simplemente tratar de prestar atención. Viene de tener un deseo real de ver la belleza en cada persona, al tener la comprensión de que realmente conectarse y entender a los demás es una cosa hermosa e infinitamente gratificante en sí misma.

Escuchar empáticamente es realmente desear conocer a alguien un poco mejor con cada conversación, cada día que pasas con ellos. Se trata de valorar todo lo que dicen porque son ellos quienes lo están diciendo, independientemente del contenido de lo que expresan. Se trata de abrazar tu papel de oyente por completo y llegar a amar tu rol como el lienzo en el que el orador puede pintar una imagen, una representación de cómo se siente en el fondo. Se trata de permitir que otros se expresen completamente jugando el papel del oyente tan bien como puedas, con total atención y concentración. Ayuda ser realista y entender que nadie es perfecto y todo el mundo cometerá errores o será demasiado rápido para juzgar a alguien o algo, o será arrogante o despectivo; cuando puedes reconocer esto, puedes soportar escucharlos independientemente de lo que digan, incluso si en privado no estás de acuerdo con lo que están diciendo mientras hablan. Permite que haya desacuerdo interno. El desacuerdo es algo bueno. Sin contraste y diferentes puntos de vista, nadie pensaría por sí mismo y nadie aprendería nada. El desacuerdo conduce a una mayor comprensión cuando hay espacio para que la comunicación tenga lugar. Tendrás tu lugar para dar tu punto de vista sobre las cosas si eres paciente. Cuando tengas la oportunidad después de escucharlos, puedes darles tus consejos y comentarios sobre lo que han dicho si crees que les ayudará. Ayuda tomar notas mentalmente de los puntos que están haciendo y luego abordarlos uno por uno de una manera integral.

Consejo rápido: Parte de escuchar empáticamente es entender que la comunicación incorrecta ocurrirá en ambas partes, la tuya y la del orador; es sólo una parte natural del acto de comunicación entre dos personas imperfectas y falibles. Por lo tanto, la paciencia y el esfuerzo son de vital importancia en el proceso de comunicación para compensar esto. Tómate el tiempo para escuchar a las personas con las que deseas mantener una buena relación. Haz el ejercicio mental necesario para ponerte en sus zapatos e imagina lo que están sintiendo y por qué. Hazles preguntas donde sientas que deberías, haz que se sientan cómodos y míralos a los ojos. Si haces todas estas cosas, estarás bien en tu camino a convertirte en un mejor oyente.

Herramientas Importantes para una Mejor Comunicación

Mejorar tu comunicación es una cuestión de poner una buena cantidad de esfuerzo, así como de tener una comprensión de las habilidades, técnicas y herramientas que facilitan la comunicación positiva y saludable. Para saber cómo comunicarse bien, primero hay que tener una comprensión profunda de la comunicación en sí. Una de las claves que necesitas saber con el fin de entender realmente cómo funciona la comunicación es que toda la comunicación es relativa. Nos comunicamos a través de la interpretación; escuchamos algo y lo entendemos a través de cómo lo relacionamos con otras cosas que ya entendemos. Por ejemplo, si estuvieras tratando de explicar algo nuevo a alguien, lo compararías y lo relacionarías con cosas que sabes que ya entienden para ayudarlos a entender lo que quieres decir. Si estuvieras tratando de explicar cómo funciona un deporte, podrías compararlo con otro deporte similar con el que la persona ya está familiarizada para ayudarle a dar forma al concepto que estás tratando de comunicar en su mente. Como resultado de esta interpretación, nunca se recibe ningún mensaje y se decodifica sin un elemento de sesgo. Rellenamos los vacíos de nuestro conocimiento trabajando en cosas con las que ya estamos familiarizados. Esto significa que el mensaje que creemos que recibimos nunca es la realidad objetiva, sino nuestra interpretación personal. La naturaleza relativa de la comunicación significa que siempre pasamos las cosas a través del filtro de nuestra propia interpretación para entenderlas. De esta manera, la comunicación es un proceso activo y participativo. El orador genera significado en la mente del oyente, pero el oyente sólo puede tener significado generado en función de lo que ya entiende.

Otro factor clave que debes entender acerca de la comunicación es que el habla es una parte del pensamiento. A veces, necesitamos hablar para decirnos a nosotros mismos lo que pensamos. Esto significa que cuando hacemos preguntas a la gente que nunca han pensado antes, puede que hablen antes de pensar qué decir, simplemente porque el pensamiento sólo se les está ocurriendo por primera vez. Ten esto en cuenta cuando hablas con la gente, y haz todo lo posible para no juzgar y se tan imparcial como puedas, tanto interna como externamente.

En 1981, Friedemann Schulz von Thun definió el modelo de comunicación de cuatro lados. Propuso que cada mensaje tiene una o más de cuatro facetas:

1. **Hecho: Lo que informo (datos, hechos, declaraciones, estadísticas)**

2. **Auto-revelación: Lo que revelo sobre mí mismo (información sobre el remitente)**

3. **Relación: Lo que pienso sobre el otro (información sobre cómo llevarse bien)**

4. **Apelación: Lo que quiero que el otro haga (un intento de influir en el receptor)**

Siempre hay una cantidad diferente de énfasis en cada faceta de un mensaje a otro, y este énfasis puede ser pensado y percibido de manera diferente por el emisor y el receptor. Es posible que algunos mensajes no tengan todas estas facetas, pero todos los mensajes tendrán al menos una de ellas. Además, las facetas a menudo están implícitas o inferidas en lugar de ser directamente indicadas.

Por ejemplo, un niño podría decirle a sus padres que su taza de jugo está vacía. Ahora, esto es un hecho, pero también podría contener elementos de las otras facetas. El contexto de un niño diciendo a sus padres que su copa está vacía podría llevar al padre a inferir que su hijo quiere que sus padres llenen su taza con más jugo, lo que la convertiría en una apelación, aunque implícita en lugar de explícitamente indicada. Este mensaje en particular también puede contener elementos de la segunda y tercera facetas, ya que muestra que el niño no está dispuesto a llenar la copa por sí mismo, lo que revela cómo se siente acerca de sí mismo, y también indica que ve a sus padres como los que ocupan ese rol en lugar de él.

Con el fin de hacer la comunicación más eficaz como emisor o receptor de información, puedes pensar en cómo un mensaje se relaciona con cada una de estas facetas con el fin de considerar cuál podría ser el verdadero propósito del mismo, y cómo podríamos malinterpretar lo que otra persona está diciendo porque el mensaje no siempre se correlaciona estrechamente con su intención. Otro factor de este modelo a considerar es que cada individuo tiende a tener uno de los cuatro "tipos" diferentes de oído, que ha entrenado más que los otros. Estos diferentes tipos de oídos son: fáctico, de relación, de auto-revelación y de apelación. La mayoría de las personas tienden a favorecer uno sobre los otros, lo que significa que procesan los mensajes que reciben de acuerdo con uno de estos cuatro tipos de interpretación. El énfasis subyacente del emisor en cada una de las cuatro facetas diferentes de su mensaje, además del oído particular del receptor, significa que una gran cantidad de significado puede perderse efectivamente en la traducción. Por lo tanto, la forma en que interpretamos las cosas puede causar conflictos y cuestiones que no habrían ocurrido si pudiéramos simplemente ver con claridad la verdadera intención y el significado de otras personas. Para comunicarnos de manera sana y eficaz, necesitamos ser conscientes de estas cuatro facetas de los mensajes del emisor, así como de los cuatro oídos del receptor para tener en cuenta cómo nuestras diferencias individuales como personas pueden influir en la forma en que interpretamos un mensaje en particular. Si alguna vez te sientes interrogado, criticado o insultado, considera cómo estos factores podrían estar influyendo en ti mismo y en la persona con la que estás hablando. Ambos podrían simplemente estar interpretando el mismo mensaje de dos maneras diferentes, sin considerar cómo lo interpretará la otra persona.

Algunos consejos para comunicarse mejor incluyen:

●**Hablar frente a frente**: Si es posible, siempre debes tratar de decir lo que necesita ser dicho en persona, en lugar de escribirlo en una carta, texto o correo electrónico o hablar por teléfono. La comunicación es una experiencia muy personal y compleja. Hay mucha información que no se puede transferir solo a través de palabras, sino que depende del tono y el lenguaje corporal. Si alguna vez has intentado ser sarcástico y has descubierto que se interpreta mal de manera escrita, sabrás a lo que me refiero.

●**Encontrar (y crear) el momento adecuado**: Si algo vale la pena decir, entonces vale la pena tomarse el tiempo para decirlo correctamente. La buena comunicación no se precipita ni se apresura. Se necesita espacio y tiempo para expresar y recibir correctamente un mensaje con un mínimo de malentendidos. Si no asignas el tiempo adecuado para comunicarte correctamente con las personas con las que necesitas comunicarte bien y mantener algún tipo de relación, tanto los mensajes en sí como la relación sufrirán.

•Utilizar la tecnología de manera eficiente y eficaz: La tecnología puede ser extremadamente útil, pero debe utilizarse para aumentar y mejorar la comunicación cara a cara en lugar de reemplazarla por completo. Puede utilizar textos y correos electrónicos hasta cierto punto con el fin de organizar asuntos y transferir datos que se envíen más fácilmente de forma electrónica que verbalmente, pero no caigas en la trampa de pensar que estas formas de comunicación son un buen reemplazo en lugar de hablar frente a frente.

•Pedir claridad si es necesario: Una gran cantidad de malentendidos proviene de personas que se alejan de una interacción sin una comprensión clara de lo que la otra persona estaba tratando de decir. Pueden sentirse incómodos de pedirle a la otra persona que se explique de nuevo después de que ya hicieron el esfuerzo de hacerlo, o pueden preocuparse de que la otra persona se moleste o piense que no estaban prestando atención. Independientemente de la razón por la que la comunicación no fue efectiva, lo peor que se puede hacer es alejarse con la idea equivocada o una comprensión incompleta del mensaje. Siempre es mejor pedir claridad si no estás seguro; no debería avergonzarte el no entender lo que se estaba diciendo. La comunicación puede ser increíblemente difícil, y todos experimentan conversaciones fallidas de vez en cuando. Si la otra persona se irrita o se molesta por la falta de comprensión, recuerda que la forma en la que se sienten depende de ellos y que nadie es perfecto. Todo el mundo comete errores o pierde la concentración o no entiende lo que se dice de vez en cuando.

•Respetar y tratar de entender las diferencias culturales: La forma en que hablamos y la forma en que escuchamos y entendemos las cosas está moldeada por la cultura en la que nos criamos. Las diferencias entre culturas a menudo pueden conducir a interpretaciones diferentes del mismo mensaje, lo que por supuesto puede resultar fácilmente en un malentendido. Siempre que estés hablando con alguien con una perspectiva cultural diferente para ti, asegúrate de tener en cuenta las diferencias culturales entre ustedes dos. Trata de entender quiénes son y adaptarte a ellos tan bien como puedas, ya sea repitiendo tu explicación de las cosas en una manera diferente y comprobando que entienden, así como pidiendo aclaraciones de ellos cuando tú estás escuchando.

•**Evitar la comunicación estando hambriento, enojado, estresado o cansado**: La comunicación se realiza mejor cuando ambas partes se sienten mental y emocionalmente tranquilas y equilibradas. Este estado de ánimo proporciona un umbral natural de paciencia, capacidad de comprensión y buena voluntad que hacen que la comunicación sea una experiencia más agradable, fácil y fluida. Sin embargo, si tienes hambre, estás cansado, estresado o enojado, este umbral se vuelve frágil. Es extremadamente difícil ser paciente y comprensivo cuando estás de mal humor y sufriendo de uno o más de estos estados agitados. La comunicación en esos momentos rara vez es eficaz y a menudo conduce a problemas, así que trata de evitar tener conversaciones importantes cuando estés en este estado tanto tiempo como puedas. En su lugar, tómate el tiempo para refrescarte y recuperarte y acercarte a las cosas una vez más cuando sientas que estás más dispuesto.

•**Decir la verdad:** Si no haces todo lo posible para apegarte a la verdad cuando estás hablando, puede y eventualmente regresará por ti. Cuando mientes u ocultas la verdad a los demás, sólo lo haces más difícil a largo plazo para ti. La gente encontrará agujeros en tus historias y los podrá aparte, dejándote en una posición muy incómoda y difícil. Mentir a menudo implica tener que mentir una y otra vez para mantener la mentira, que puede muy rápidamente salirse de control y resultar en que tengas que sostener historias muy elaboradas y realizar un seguimiento de las mentiras que has contado con el fin de evitar equivocarte. No sólo es una manera increíblemente estresante y una manera innecesaria de vivir, sino que dificulta la comunicación efectiva, pondrá una tensión en las relaciones que tienes con las personas y alejará de ti a las personas que te importan con el tiempo. Una persona es tan buena como su palabra, y cuando pierdes la confianza de alguien pierdes su respeto.

•**No reprimir los sentimientos**: Si guardas tus sentimientos y lo ocultas a la gente, no desaparecerán. La presión se acumulará y envenenará tu mente, manifestándose a través de efectos secundarios como la irritabilidad y la falta de paciencia. Y no puedes mantener el cómo te sientes oculto por mucho tiempo. Todo emergerá eventualmente cuando algo suceda y simplemente no podrás contenerlo por más tiempo, y esto rara vez sucederá en una situación que elijas. Es mucho mejor desahogar tus sentimientos con las personas cercanas a ti antes de que tengan la oportunidad de acumularse y derribarte internamente.

•Esforzarse para evitar quejarse: Todo el mundo necesita desahogar sus sentimientos de vez en cuando, pero hay un tiempo, lugar y contexto para esto. Si te quejas constantemente (especialmente con la persona equivocada o en el contexto equivocado) te percibirás como negativo, agotador y una carga. Nuestros problemas a menudo se sienten abrumadores, y hablar de ellos nos ayuda a sentirnos mejor, pero hacer esto excesivamente y en un ambiente no muy adecuado para ello puede hacer que otras personas no quieran estar a nuestro alrededor. Todo el mundo tiene problemas, y todo el mundo debería poder hablar de ellos para sacarlos de su pecho. Si siempre te quejas de los tuyos y pones tus propios problemas por encima de los de otras personas, sin embargo, el efecto que tendrás en las siguientes interacciones con las personas será negativo y otros comenzarán a alejarse de ti.

•Tratar de mantener una actitud positiva: Por encima de todo lo demás, una actitud positiva te llevará por un largo camino en la comunicación y en la vida. Comunicarse con las personas puede ser un esfuerzo muy difícil y agotador, por lo que abordarlo con el estado de ánimo adecuado es esencial para tener la paciencia y la perseverancia para realizarlo hasta el final. Tienes que aceptar que a veces será difícil y que a veces no querrás hacerlo. Al final del día, sin embargo, es parte de ser humano, y sin él, no serías capaz de apreciar la vida de la misma manera. Acéptalo por completo, acepta lo positivo y lo negativo, y permítete asumir el desafío cada vez.

Herramientas de Comunicación Adicionales

Hemos reunido algunas herramientas útiles que te ayudarán cuando estés discutiendo con alguien y te encuentres en callejones sin salida dentro de tu comunicación.

•Sostener un objeto para hablar: Esta es una herramienta estándar en terapias de conversación en grupo y por una buena razón; es extremadamente eficaz. Es una premisa relativamente simple: para hablar, tienes que estar aferrándote a cierto objeto que se pasa de un lado a otro entre cada participante de la conversación. Esto ayuda a dar a las personas el tiempo y el espacio para expresar lo que tienen en mente y reunir sus pensamientos sin ser interrumpidos.

•Escribir ciertas cosas para ordenar pensamientos o expresarlos mejor: Si tú u otra persona está luchando para encontrar las palabras correctas para expresarse adecuadamente, intenta escribir tus pensamientos con el fin de calmarte y pensar más claramente. Esto puede ser especialmente útil cuando estás teniendo conversaciones difíciles donde hay un montón de emociones complejas y fuertes con las que tienes que trabajar.

•Tomarse un tiempo libre cuando se discuta para calmarse: Si estás involucrado en una discusión, siempre es una buena idea tomarse el tiempo para calmarse en lugar de continuar con una conversación cuando las voces se alzan y los temperamentos se desbordan. Calmarte permitirá abordar la conversación en un estado mental más uniforme y equilibrado.

Comunicarse a través del Conflicto y Emociones Difíciles

La comunicación puede ser difícil en el mejor de los momentos, pero cuando hay conflictos y emociones difíciles involucradas, puede ser prácticamente imposible. Sólo tienes que echar un vistazo a la historia de la humanidad o ver las horribles guerras y luchas en todo el mundo hoy en día para presenciar la completa destrucción y el terror que puede ocurrir cuando la comunicación se quiebra y la gente decide usar la violencia y la fuerza para proteger sus propias ideas, voluntad y dominio sobre los demás. Para aprender cómo comunicarnos a través de conflictos y emociones fuertes, primero tenemos que mirar el trasfondo de estas dos cosas y cómo se combinan para formar complejos tan poderosos.

El mayor conflicto en última instancia se deriva de emociones difíciles que se construyen en nuestra propia naturaleza. Aunque a menudo nos gusta pensar en nosotros mismos como altamente evolucionados y superiores a las otras formas de vida con las que compartimos nuestro mundo debido a nuestra capacidad de pensar, hablar y usar herramientas para construir cosas, la verdad es que en el fondo somos tan primitivos, básicos, controlados por nuestros instintos, e impulsados por nuestros sentimientos como cualquier otro animal en esta tierra. Las ilusiones que nuestras sociedades y culturas crean actúan como un escudo mental, haciéndonos pensar que estamos por encima de ser condicionados por tales deseos primarios. La verdad, sin embargo, es que estamos genéticamente codificados para seguir nuestras emociones e impulsos primitivos, y no hay absolutamente nada que podamos hacer al respecto aparte de un intento de manejarlo y mantenerlo en control. Aunque la gran mayoría de la gente piensa lo contrario, no somos las criaturas lógicas, racionales y con raciocinio que nos gusta pretender que somos. Podemos ser todas estas cosas hasta un punto, pero es artificial. En el fondo, estamos gobernados por nuestros sentimientos más que por los pensamientos. Reemplazar estos sentimientos y evitar que corrompan y nublen nuestra visión de las cosas es casi imposible, incluso el monje budista más dedicado te lo dirá.

Somos propensos por nuestra propia naturaleza a falacias lógicas y múltiples tipos de pensamiento sesgado. Hay una buena razón para esta naturaleza; nos ha mantenido vivos a lo largo de millones de años de evolución. El interés propio está conectado a nuestro ADN. Cada uno de nosotros tiene una parte del cerebro primitiva, cerca del propio tallo cerebral, que es responsable de algunas de nuestras emociones más elementales y poderosas como el miedo y la ira. Estas son las emociones que han ayudado a mantener vivos a nuestros antepasados desde los primeros días de las formas de vida complejas, cuando eran muy diferentes a la forma humana moderna que tenemos actualmente. Esta parte primitiva de nuestro cerebro no es capaz de acceder a funciones cognitivas más altas como el pensamiento y el razonamiento; estos tienen lugar en el lóbulo frontal. La parte primaria y reptil de nuestro cerebro se ocupa de las emociones y los sentimientos, y es mucho más fuerte que nuestras funciones superiores, lo que significa que nuestros sentimientos y emociones pueden fácilmente abrumar y anular nuestra capacidad de razonar y usar la lógica. Este sesgo cognitivo ha evolucionado para asegurar nuestros intereses propios, independientemente de cómo afectan a los demás. Como animales sociales, formar parte de un grupo es esencial para nuestra supervivencia. Solos, moriríamos de hambre. Sin embargo, junto con otros podemos especializarnos y distribuir labores, en beneficio de todos. Nuestra evolución nos ha formado para reflejar esta prioridad. Naturalmente somos propensos al tribalismo y a una mentalidad grupal de "adentro o afuera", algo que también se conoce como "ellos y nosotros", si alguien no es parte de tu grupo y no está de tu lado, es un enemigo.

Otros ejemplos del sesgo cognitivo y las falacias lógicas a las que estamos propensos son numerosos. Es más probable que creamos lo que la gente que nos rodea cree, tanto en términos de nuestra familia y amigos o compañeros como de nuestra amplia sociedad, culturas y subculturas en conjunto. Esto proviene de nuestros instintos tribales; si todo el mundo lo está haciendo, significa que es seguro. Si es seguro, no es una amenaza, así que está bien. Sin embargo, si identificamos algo desconocido y ajeno a las personas que nos rodean, es una amenaza. También es más probable que creamos algo si hemos estado expuestos a él antes, independientemente de cómo nos sintiéramos al respecto entonces. Por ejemplo, si alguien nos dice que el mundo es plano o que las vacunas causan autismo, podríamos calificarlo como un excéntrico. Después de una exposición repetida a estas creencias, sin embargo, comienza a ganar valoración en nuestra mente, al encontramos bajo la impresión de que muchas personas tienen estas creencias, y si mucha gente cree en algo, creemos que debe haber algo en ello, porque seguramente tanta gente no puede estar equivocada sobre algo, ¿no es así?

La tendencia a caer en este tipo de pensamiento dualista, blanco y negro está integrada en nuestros genes. Nos protege, física y emocionalmente, y conduce a una gran cantidad de conflictos. Nos hace mantener una postura rígida una vez que pensamos que tenemos razón, dejándonos incapaces de considerar puntos de vista opuestos. Nos volvemos rigurosos e inflexibles, completamente convencidos de que nuestro punto de vista es correcto y de que todos los demás están equivocados. En realidad, sin embargo, no existe tal cosa como estar completamente bien o mal. En lugar de ser blanco y negro, estas cosas de hecho son grises en diversas tonalidades. Una persona o punto de vista puede tener razón sobre algunas cosas y estar mal acerca de otras, y los puntos de vista opuestos tendrán esto en común. Hay diferentes niveles de matiz, complejidad y sutileza incorporados en cada punto de vista y actitud.

Cuando no podemos considerar o entender puntos de vista sin aceptarlos ni rechazarlos, hemos perdido nuestra capacidad de pensar críticamente y formular argumentos basados en su mérito y juzgarlos individual, objetiva e imparcialmente. Nos atrincheramos en una manera particular de pensar y totalmente absortos en una creencia sin darnos cuenta de lo estrecha que se ha vuelto nuestra mente. Nos volvemos reacios o incapaces de negociar o ver cómo ambas partes pueden estar bien y equivocadas al mismo tiempo; este no es un buen estado de ánimo para la comunicación, lo que implica entender que siempre hay más que aprender.

Nuestras emociones más difíciles y dolorosas también son nuestras emociones más poderosas como resultado de nuestra biología evolutiva, y por una buena razón. Son las responsables de mantenernos vivos, desde los días en que tuvimos que huir de leones y lobos en llanuras cubiertas de hierba, y mucho antes. La ira y el miedo forman una parte vital de nuestra respuesta de lucha o huida, que nos permite mantenernos firmes y luchar hasta la muerte o huir para salvarnos en situaciones peligrosas. Estas emociones difíciles provocan y catalizan los conflictos cuando no las controlamos o las procesamos de una manera saludable. Cuando alguien dice o hace algo que percibimos como una amenaza, física o emocionalmente, nos ponemos a la defensiva. Nuestras emociones se desencadenan y nuestra respuesta surge del miedo y la ira en lugar de una posición de raciocinio. Cuando estamos en un estado emocional saturado, nuestras decisiones se alejan de nosotros a medida que nuestro cerebro reptiliano toma el control de nuestro lóbulo frontal. Vemos que nuestras opciones se estrechan y se polarizan cada vez más, haciendo que parezca que un estallido de agresión es la única opción que tenemos en respuesta a una amenaza. Cuando estamos en este estado altamente saturado, somos como un volcán listo para hacer erupción. Nuestra energía y emociones acumuladas tenderán a salir por la ruta más fácil; que suele ser a través de una explosión, en lugar de la calma, particularmente si todavía estamos en una situación donde percibimos en alguna medida, una amenaza para nosotros.

Este conflicto nunca es productivo incluso cuando es en interacciones con extraños o personas que realmente no nos importan. Cuando es con nuestros amigos y familiares, sin embargo, puede ser extremadamente hiriente. Hay pocos sentimientos peores que darnos cuenta de que nuestras emociones han sacado lo peor de nosotros y hemos arremetido y lastimado a las personas que más amamos en este mundo. Para poder comunicarnos a pesar de los conflictos derivados de nuestras emociones difíciles, tenemos que ser capaces de procesar nuestras emociones de una manera saludable. Tenemos que aceptar que están ahí y que siempre nos influirán, para realmente empezar a vivir en armonía con ellas, en lugar de dejar que nos controlen y gobiernen. Si no podemos manejar nuestros sentimientos y lograr el equilibrio emocional, estos se manifestarán en nuestro comportamiento de maneras que conducen y perpetúan el conflicto.

Vale la pena mencionar aquí que no todo el mundo es capaz de ver ambos lados de una discusión al mismo tiempo. Las personas que sufren de enfermedades mentales o trastornos de la personalidad como el trastorno límite de la personalidad, o TLP, tienen cerebros que están conectados de tal manera que equilibrar y controlar las emociones simplemente no es algo que puedan hacer de la misma forma que otras personas lo hacen. Las personas que sufren de estas condiciones tienen que trabajar mucho más duro para regular su vida emocional y tendrán días en los que simplemente no puedan tener autocontrol en absoluto.

La mala comunicación puede provocar conflictos y empeorar un conflicto existente. El conflicto puede mermar nuestra capacidad al comunicarnos, lo que puede conducir a ciclos viciosos donde nuestra falta de buena comunicación empeora aún más el conflicto, lo que conduce a una comunicación aún más pobre, y así sucesivamente. Cuando estamos saturados emocionalmente e involucrados en un conflicto, lo último que queremos hacer es calmarnos, sentarnos y hablar de las cosas de una manera razonable. Casi parece risible en ese momento, como una mala broma, porque todo lo que queremos hacer es gritar y defendernos y dominar a los demás y hacerles ver que nuestros puntos de vista y nuestros propios intereses son más importantes y correctos que los suyos, porque para nosotros, lo son.

Cómo Comunicarse a través del Conflicto y las Emociones Difíciles

Ser capaz de hablar y escuchar en medio del conflicto cuando las facultades de razonamiento del cerebro están siendo secuestradas por una emoción abrumadora es difícil, pero se puede lograr. La comunicación positiva en este contexto consiste en tratar de mantener la calma suficiente para permitir que su lóbulo frontal permanezca en control de la situación y de sus emociones y evitar que saquen lo peor de ti.

Controlar tus emociones se puede lograr al enfocarse en la respiración y en el cuerpo, una actividad conocida como meditación. Puedes usar esto como una herramienta cuando te sientes muy cargado emocionalmente y convertirlo en una parte regular y frecuente de tu vida. Es una manera brillante de ponerse en contacto contigo mismo y aprender a controlar tu mente y tus sentimientos de una manera positiva. La meditación toma muchas formas, pero uno de los tipos más populares y eficaces se conoce como meditación *mindfulness* o de atención completa. Esta es una especie de concentración completamente enfocada en toda tu plena conciencia y estar en tu cuerpo y tu entorno inmediato. Ayuda a calmar y tranquilizar tu mente, y a enfocarte en vivir en el momento, que se conoce como ser 'consciente'.

A continuación una guía paso a paso para la meditación:

1.   Cierra los ojos y mantente quieto en algún lugar cómodo. Trata de mantener la espalda recta, te ayudará a enfocarte

2.   Permite que tus pensamientos y sentimientos vengan a ti. No trates de alejarlos

3.   Observa tus pensamientos y sentimientos, pero evita etiquetarlos o juzgarlos

4.   Vuelve al punto de la conciencia presente cuando te des cuenta de que te distraes con tus pensamientos

También puede que repetir un mantra o una frase para ti mismo sea útil. Esto puede permitirte concentrarte en las palabras que estás diciendo y el sentimiento particular que le atribuyes, en lugar de las otras emociones más difíciles que estás sintiendo. Con el fin de realmente obtener el control de tus emociones y aprender a equilibrarlas, necesitas trabajar a través de tus sentimientos de forma independiente y tratar de averiguar por qué es que te sientes de cierta manera. La forma en que sientes es importante para otras personas; es significativo darse cuenta de que es así tanto porque realmente se preocupan por tu bienestar mental y emocional, así como porque la forma en la que sientes los impacta directamente a través de tu comportamiento. Tus sentimientos son dignos. Trata de discutir tus sentimientos desde tu propio punto de vista con las personas con las que sientes que puede ser más abierto y estar dispuesto a soluciones. El objetivo es un equilibrio emocional y la regulación.

Si estás luchando para comunicarte a través de conflictos o emociones fuertes y difíciles, puedes tomarte un descanso durante el tiempo necesario para permitirte calmarte antes de regresar a hablar del tema. No hay ninguna vergüenza en esto. A veces es eso o perder los estribos por completo.

Ayudar a Otros a Comunicarse en Circunstancias Difíciles

Cuando se trata de lo que puedes hacer por otros para ayudarlos a comunicarse cuando son menos capaces de hacerlo, lo más importante que puedes hacer es ser paciente. Necesitas darle a la gente el tiempo y el espacio para que asuman la manera en la que se sienten, en su propio tiempo y a su manera. Si se sienten presionados de tu parte, se sentirán aún menos capaces de comunicarse y se reprimirán aún en sus emociones y hostilidad. En su lugar, debes mostrarles que te preocupas por ellos y que solo quieres hacer lo posible para ayudar, y si eso significa darles tanto tiempo como necesiten, así será.

Haz todo lo posible para mantener la calma y hablar en voz baja. Trata de no juzgarlos a ellos o a ti mismo. No te pongas a la defensiva ni te ofendas ante las cosas que podrían decir en el calor del momento. Si puedes ser abierto y honesto contigo mismo, puedes inspirar a la gente a reflejar esos mismos principios de vuelta a ti. Debes intentar mostrar empatía y la capacidad de negociar y considerar otros puntos de vista diferentes. Al mostrar amor y bondad y abstenerse de presionar a la persona demasiado duro, les permites asumir sus sentimientos a su propio tiempo. Con tu aliento y apoyo, llegarán a lidiar con sus emociones de una manera que tenga sentido para ellos con el tiempo. Su comunicación emocional mejorará, y desarrollarán una mayor capacidad para percibir, facilitar, entender y manejar la forma en la que se sienten.

Cinco Pasos Para una Crítica Positiva en las Relaciones

Una de las causas más comunes de conflicto en el contexto de una relación es la crítica. A nadie le gusta sentirse criticado, pero que te digan honestamente cuando puedes mejorar es la causa principal para superarse personalmente. Es difícil ser imparcial u objetivo uno mismo, así que necesitamos que la gente nos indique cuando podemos mejorar.

Si tu pareja y tú están experimentando un conflicto constante en tu relación, podría ser porque tus críticas los hacen sentirse bajo ataque y hace que se pongan a la defensiva. Puedes evitar esto siguiendo estos cinco pasos para la crítica positiva:

1. **Tranquilízate antes de presentar una queja**: Cuando notas algo que tu pareja ha hecho que crees que está mal, es fácil sentirse molesto o incluso enojado. Esto puede traducirse mal y causar resentimiento y hostilidad. Toma unos minutos para tranquilizarte y situarte en un estado mental propicio para discutir las

cosas. Piensa en lo que quieres decir, y trata de pensar en un buen recuerdo que tengas con ellos antes de mencionar lo que quieres decir.

2.	**Usa enunciados con "Yo"**: Esto ayudará a expresarte al hablar de las cosas desde tu punto de vista, lo que podría ayudar a tu pareja a no sentirse como si estuviera siendo atacada. Habla acerca de cómo las cosas te hacen sentir o cómo te parecen, en lugar de hablar de ellas como si fueran una verdad objetiva. Esto puede ayudar a tu pareja a ponerse en tus zapatos, y es menos probable que tenga una reacción defensiva.

3.	**Sé específico:** Menciona cualquier problema tan pronto ocurra, y habla sólo sobre un incidente específico. Evita mencionar cosas del pasado o hacer generalizaciones arrolladoras como "nunca limpias después", ya que hacer esto sólo empeora las cosas. Este paso mantendrá la interacción a baja intensidad. No todo tiene que ser fatalidad y oscuridad, son sólo dos adultos que se aman y se preocupan el uno por el otro, ayudándose mutuamente a satisfacer mejor sus necesidades.

4.   **Habla de lo que necesitas, no de lo que no:** El punto de criticar en primer lugar es ayudar a tu pareja a mejorar. Tienes que tratar de hacer que tu crítica sea constructiva y creativa, en lugar de usarla como una oportunidad para elegir imperfecciones en tu pareja. Diles cómo preferirías que hicieran algo, en vez de enfocarte en lo que no te gusta que hagan.

5.   **Sobre todo, sé amable:** Cuando nos sentimos heridos, es fácil olvidar las cosas que amamos de nuestra pareja. Nuestra visión se estrecha hasta el punto en el que todo lo que podemos enfocar son sus imperfecciones, lo que resulta en nosotros tratándolos con menos bondad y compasión de lo que nos gustaría y de lo que merecen. Piensa en cómo preferirías que hubiesen planteado un problema, y hazlo de esa manera. Trata de mostrarles tanto amor y amabilidad como sea posible. Recuerda que se trata de ustedes dos contra el problema, no uno contra el otro.

Capítulo Cinco:
Confianza, Honestidad y Respeto

Después de la comunicación en sí, la confianza, la honestidad y el respeto son los factores más importantes en cualquier relación, pero esto es especialmente cierto en las relaciones románticas. Estas tres cosas forman la base del vínculo que compartes con tu pareja, y sin alguna de ellas, una relación será dañina, tóxica y condenada al fracaso.

Cultivar la Confianza en la Relación

Se debe ganar la confianza genuina. Tiene que ser en ambos sentidos; ambas partes deben ser capaces de confiar el uno en el otro si van a hacer que su relación funcione. Construir confianza requiere tiempo y esfuerzo. Piensa en ello como una cuenta de ahorros; haces pequeños depósitos a menudo, y con el tiempo el saldo crece. Es lo mismo con la confianza. Hay algunas cosas que puedes practicar de manera consistente y frecuente que te ayudarán a cultivar la confianza que compartes con tu pareja poco a poco durante un largo período de tiempo. Todo lo que puedes hacer es dar tu mejor esfuerzo, pero con el fomento y la demostración de los principios que valoras, tu pareja será capaz de imitar tu comportamiento y ayudar a construir la confianza en ellos.

• **Haz lo que dices:** Sé una persona de palabra. ¿Cómo puedes esperar que tu pareja confíe en ti si no eres confiable? La integridad personal es extremadamente importante: es una medida de tu carácter. Si tu pareja no puede creer que te tomas tu integridad en serio, no podrán confiar en ti.

• **Sé honesto:** No importa qué, tienes que ser abierto y honesto. Si te equivocas, cometes errores o no puedes apegarte a tu palabra, entonces acéptalo. Discúlpate, explícate y siempre di lo que piensas, no importa lo difícil que sea.

• **Sé genuino:** No sientas que tienes que ser feliz y sonriente todo el tiempo. Sé tú mismo, sé fiel a ti mismo y no te dejes sentir presionado para fingir ser alguien más. Si estás molesto, o aburrido, o enojado, entonces acéptalo. Que fluya, acógelo. No hay nada peor para una relación o para ti mismo que fingir ser alguien que no eres. Si es tu relación la que te está afectando, no trates de ocultarlo. Hay problemas allí que necesitan ser abordados y pretender que estás bien solo alarga el problema.

• **Deja entrar a tu pareja:** Construir confianza se trata de tener intimidad y cercanía. Se trata de que tú y tu pareja se conozcan, así como ustedes, se conozcan a sí mismos. La confianza no es un sentimiento, sino un estado de confianza mutua que viene con el estrecho vínculo de la intimidad, de conocerse por dentro y por fuera. Dejar que otra persona entre en tu vida emocional interior no siempre es fácil, pero incluso poco a poco mejora con el tiempo. Una vez que comiences a dejarlos entrar detrás de los muros que levantas para todos los demás, tu relación realmente comenzará a prosperar y florecer.

• **Déjalo ir:** Todo el mundo tiene bagajes, y pocas personas realmente se encogen de hombros y lo dejan atrás. Es más fácil decirlo que hacerlo, pero para avanzar y abrir nuevos caminos, tienes que esforzarte al máximo para no estancarte en el pasado. Lo hecho, hecho está, y no se puede cambiar. Lo importante es el presente, y eso puede ser tan hermoso como te lo propongas.

• **Recuerda que ambos son simples humanos**: Si esperan la perfección de alguien, y en especial de su pareja, se van a decepcionar mucho. Simplemente no es posible. Cada uno tiene sus defectos. Todo lo que realmente puedes pedirle a tu pareja es que hagan todo lo posible para ser mejor. Si lo mejor no es lo suficientemente bueno, está bien. Algunas cosas no están hechas para ser. Trata de evitar caer en la trampa de criticar cada pequeño defecto que notas en tu pareja. Ser estricto y esperar que estén a la altura de estándares imposiblemente altos no es propicio para una relación saludable y satisfactoria.

• **Prepárate para dar el beneficio de la duda:** Todo el mundo comete errores, y tu pareja lo hará también. Cultivar una confianza genuina y duradera en los demás consiste en poder darse el beneficio de la duda cuando las cosas van mal y los sentimientos se lastiman. La mayoría de las veces cuando cometemos errores nunca queremos que nadie salga lastimado; pero simplemente sucede. También va a suceder en tu relación, así que tienes que estar preparado para perdonar y confiar incluso cuando te hayan hecho dudar de ellos a través de sus acciones.

Construir un Entorno Seguro

Una sensación de seguridad emocional y física es esencial para la salud de cualquier relación romántica. Si ambas personas no se sienten seguras y a salvo una con otra, su relación es tóxica. Necesitamos sentirnos seguros alrededor de las personas que amamos y con las que pasamos la mayor parte de nuestro tiempo. Tenemos que sentirnos libres de ser nosotros mismos y fracasar y cometer errores y saber que no importa porque nuestro compañero nos respalda sin importar lo que pase. Nuestras relaciones deben ser espacios seguros, donde nos sentimos totalmente escuchados, comprendidos y apoyados.

Para algunas personas, este puede ser un concepto difícil de entender y poner en práctica en el contexto de una relación. Implica dar a la otra persona el espacio para ser ellos mismos y ser libre de crecer sin obstáculos. Para las personas que son demasiado críticas y obsesionadas con que su pareja esté lo más cerca posible del ideal, no es algo que hagan bien. Sus constantes intentos de explicar exactamente lo que no les gusta de su pareja y lo que les gustaría que fuera diferente termina sofocando al otro; la otra parte se siente atrapada, como si no hubiera nada que pueda hacer para complacer a la persona que ama, y como si nunca fuera lo suficientemente buena para satisfacerlo.

Tener este tipo de atmósfera en una relación es corrosivo y tóxico. Piensa en las personas plantas: necesitan espacio y los nutrientes y la luz adecuados para crecer. Si las condiciones no son las correctas, se marchitarán, incapaces de prosperar a su máximo potencial. Las relaciones consisten en ayudarse mutuamente, apoyarse mutuamente y permitirse unos a otros el apoyar y florecer en todos los aspectos de sus vidas. Un entorno seguro y de apoyo es necesario para que una relación se ancle en bases sólidas que puedan seguir creciendo y floreciendo. Tal entorno necesita previsibilidad y calidez, con la capacidad de hacer lo que te hace feliz sin sentirte juzgado. Una relación debe ser un lugar de empatía y bondad amorosa, donde eres libre de fracasar y cometer errores y ser menos que perfecto mientras eres capaz de crecer y aprender y levantarte de nuevo con el amoroso apoyo mutuo y el respeto de tu pareja.

Construir un entorno como este en tu relación es una cuestión de mirarse a sí mismo, en lugar de mirar el comportamiento de tu pareja, y darse cuenta de que requiere trabajo mutuo de ambos con el fin de hacer de la relación un lugar seguro y a salvo. Mucha gente siente que su pareja tiene la culpa de la mayoría o de todos los problemas de su relación, lo cual nunca es la verdad. Sienten que siempre serán infelices a menos que su pareja pueda cambiar, sin entender que están en control de su propia felicidad, sus propios pensamientos, sentimientos, creencias y comportamiento.

Tienes que tomar el control de ti mismo y de tu papel en tu relación. Puedes cambiar la forma en la que actúas y te sientes con pareja y contigo mismo. Puedes empoderarte a ti mismo y aprender cómo llegar a ser más feliz y más completo por tu cuenta, lo que a su vez puede ayudar a incentivar a su pareja. No puedes controlar a tu pareja; no puedes controlar a nadie excepto a ti mismo, pero puedes controlarte a ti mismo e inspirar y animar a tu pareja de esa manera. Cada uno de ustedes es responsable de sí mismos y de viajar juntos y apoyarse y alentarse unos a otros, pero para participar plenamente en el camino de los demás y convertirse en los excelentes compañeros que podrían ser el uno para el otro, necesitan cooperar plenamente en pensamiento y en acción. Deben ser conscientes de las necesidades de los demás y de las diferencias entre ustedes dos. Necesitan encontrarse a la mitad del camino y ser capaces de encontrar puntos en común a través de un compromiso donde ambos pueden ser felices. Tienen que ser capaces de tomar en consideración las necesidades de cada uno y adaptar cualquier diferencia en la expresión de amor o comunicación. Si tu pareja necesita más palabras de elogio, amor y afirmación que tú, entonces debes estar preparado para decir esas cosas más y tu pareja debe estar preparada para aceptar menos de lo que le gustaría, siempre y cuando estés haciendo un esfuerzo para trabajar en ello.

Reparar la Confianza Perdida

La confianza es el alma de una relación. Una vez que se ha perdido, puede ser muy difícil, si no imposible, recuperarla. A la persona que ha tenido su confianza traicionada le resultará difícil confiar en alguien de la misma manera, pero les resultará especialmente difícil confiar de nuevo en la persona que la traicionó. La confianza perdida es una de las cosas más preocupantes y dañinas que le pueden pasar a una relación. Antes de que se pierda, la mayoría de la gente no ve ninguna razón para dudar de su pareja o sus intenciones. Tienen confianza en ellos, tienen fe en la persona que son y creen que nunca harían nada que pudiera poner en peligro la relación que comparten. Cuando se enteran de que algo ha sucedido y representa un gran agujero en la confianza, como la infidelidad, se sienten como si la persona en la que confiaban, la persona que pensaban conocer, es, de hecho, alguien completamente diferente, alguien que sólo ha estado fingiendo todo el tiempo.

Es por esta razón que el primer paso en la reparación de la confianza perdida es que ambas partes tienen que reconocer la realidad de la situación. La vieja relación se ha ido; está muerta y enterrada. Ahora alguien resulto herido y los vínculos se fracturaron, ustedes dos tienen que tomar una decisión. Tienen que decidir si quieren liberar la relación e ir por caminos separados o tratar de reparar las cosas entre los dos, forjando una nueva relación juntos aprendiendo de los errores que han cometido en el pasado. Esta segunda opción es un proceso increíblemente duro, y es la razón por la que las grandes traiciones de la confianza, tan a menudo representan el final para una relación. Salvar una relación de un evento tan traumático, complejo y confuso como este requiere un compromiso total de ambas partes para explorarse mutuamente y a sí mismas en profundidad con el fin de hacer y responder preguntas difíciles y entender todos los factores que contribuyeron al estado actual de la relación. Ambas partes tienen que ser completamente sinceras y aceptar sus errores. Tiene que haber honestidad total e incondicional, transparencia emocional y el compromiso verdadero de cambiar y sanar.

Aquí es dónde la comprensión, la empatía y la paciencia son más necesarias que nunca, en ambos lados. Ambas personas necesitan sentir que pueden ser completamente abiertas sin estar sujetas a actos de agravio o venganza. Por supuesto, a nadie se le puede pedir que no se enfade con lo que podría escuchar de un compañero que está siendo completamente honesto y abriendo su corazón, pero tiene que haber un entendimiento mutuo de que todo sale a la luz y es tratado individualmente sin temor a represalias. Conozco muchas parejas donde la admisión o el descubrimiento de la infidelidad condujeron a actos de venganza de parejas heridas tratando de equilibrar el daño. Si vas a salvar una relación, esto no puede suceder. Tiene que haber una atmósfera de perdón y sanación total; una sensación de que pase lo que pase, lo peor ya está detrás. La vieja relación se ha ido, y con ella se tienen que ir rencores y resentimiento. Esto es algo increíblemente difícil de lograr, pero si vas a hacer que funcione tiene que hacerse. Por difícil que sea, no puedes permitirte quedar estancado en lo que ha sucedido. El pasado tiene que quedar en el pasado. No se puede mencionar cada vez que haya una pequeña discusión o la persona cuya confianza ha sido traicionada quiera sacar un as bajo la manga con el fin de 'ganar' un conflicto. Hablas de todo lo que necesitas, diseccionas y discutes todo hasta más pequeño detalle para así aprender las lecciones importantes que hay que aprender, y luego lo guardas todo, lo envías lejos y te comprometes a seguir adelante y vivir en el presente y ver hacia el futuro.

La comunicación se vuelve más vital que nunca para la relación en este momento. Se hace o deshace, por lo que ambas personas necesitan profundizar y comprometerse a luchar el uno por el otro y por el vínculo que comparten; es necesario comunicarse abiertamente y con total honestidad; necesitas desnudar tu alma a tu pareja. Puede ser tentador no permitirse confiar en nada de lo que diga tu pareja, después de todo, parece una persona diferente. Podrían ser capaces de cualquier cosa; la persona que creías conocer y amar no habría sido capaz de hacerte esto. La dura verdad, sin embargo, es que la gran mayoría de las veces, una persona que traiciona en gran medida la confianza en una relación no es un psicópata. Es sólo una persona que cometió un gran error, o una serie de errores. Desafortunadamente, herir a la gente que amas es parte de la condición humana. Todo el mundo comete errores, y nuestros corazones y mentes a veces pueden llegar a ser tan cerradas y absortas por algo, que perdemos de vista el panorama general, y volvemos a nuestros sentidos y a darnos cuenta del gran error que hemos cometido sólo después de que todo está dicho y hecho.

El perdón es el único factor que determinará si la relación puede ser rescatada una vez que se haya perdido la confianza. Para verdaderamente seguir adelante, es necesario que haya completo y mutuo perdón entre ambas partes y consigo mismas; no sólo por la traición de la confianza, sino por todo el dolor que ambas personas se han causado entre sí y a sí mismas a lo largo de toda la antigua relación. Tiene que haber una pizarra limpia, un nuevo comienzo, una oportunidad de dejar atrás el pasado y sanar por completo. Sin embargo, llevará tiempo, y es necesario que haya ciertos aspectos nuevos de la relación que deben ser aceptados. Por ejemplo, no se puede esperar que la persona cuya confianza se traicionó, empiece a confiar en su pareja de nuevo. Así no es cómo funciona. Una vez dañado, doblemente precavido. Una vez que la confianza se ha ido, necesita ser construida de nuevo, y tomará mucho tiempo, trabajo duro y dedicación. La persona que perdió la confianza a menudo necesita total transparencia, incluyendo el poder de acceder a los detalles de la vida personal del culpable, como a su teléfono y redes sociales. Revisar las actividades y las dudas constantes son las consecuencias de haber traicionado la confianza de alguien, pero es necesario que se acepte si la confianza genuina va a tener alguna vez la oportunidad de volver. La víctima necesitará ciertas garantías para ser capaces de confiar en su pareja de nuevo, y eso significa total transparencia, incluso a costa de la privacidad. Es un privilegio de la relación que se abandonó una vez que la confianza se perdió.

Determinar si se puede reparar o no la confianza perdida depende en gran medida del contexto de la ruptura. Los errores únicos, aunque siguen siendo horribles para la víctima, son más perdonables y comprensibles que la mentira repetida y un patrón de engaño. El tiempo que tarda la persona que se equivocó en sincerarse, la naturaleza de la traición de la confianza, y las motivaciones y razones para ello, también entran en juego aquí. Sea lo que sea que una pareja decida hacer en este punto, la sanación debe tener lugar para que ambas personas vivan vidas felices y satisfactorias, independientemente de si sucede juntos o individualmente. La sanación ocurre mejor cuando una persona es capaz de hablar de sus sentimientos con otras personas cercanas a ella. Ser capaz de confesarte con alguien en quien confías y discutir los eventos que te sucedieron en forma de una historia es importante, solo asegúrate de contarlo honestamente, y no permitas hacerte quedar como la víctima, ya que eso solo creará una mentalidad negativa y hará que sientas resentimiento.

La última pieza del rompecabezas cuando se trata de recuperar la confianza perdida es aprender a ser honesto, confiar y respetarse a sí mismo. Esto a menudo se pasa por alto en favor de un énfasis en cultivar estos valores con la otra persona en la relación. Sin embargo, es igual de importante, si no es que más, asegurarse de que tienes una relación abierta, honesta y de confianza contigo mismo. Antes de que puedas mirar hacia fuera y hacer cambios reales y tangibles en la forma de tu vida, primero tienes que aprender a mirar hacia el interior y entenderte a ti mismo.

Conseguir que tu Pareja se Abra Contigo

La apertura y la intimidad son ingredientes esenciales en una relación sana y satisfactoria. Si hay una distancia emocional entre tu pareja y tú, puede ser difícil tratar de averiguar cómo cerrar las brechas y acercarlos entre sí. Por lo general, no es un caso de deseos diferentes, pues si ustedes dos no quisieran estar más cerca, probablemente no estarían juntos. Es más común que sea simplemente la falta de comprensión de lo necesario para fomentar la cercanía emocional en una relación romántica.

Abrirse a otra persona te pone en una posición muy vulnerable emocionalmente. Es como si te estuvieras quitando la armadura que llevas para protegerte del mundo exterior o cerrando la brecha que usas para mantener la distancia con todos los demás. Al final del día, nadie puede hacerte daño si no los dejas entrar y les das el poder de romperte el corazón. Cultivar la apertura en una relación es, por lo tanto, facilitar la capacidad de tu pareja para ser vulnerable, al ser tú una persona segura y amorosa y crear una atmósfera en la relación donde puedan sentirse seguros y cómodos abriéndose y exponiendo su lado emocional interno. Hacer esto es cuestión de ser una presencia confiable, positiva, calmada y comprensiva para tu pareja, y mostrarle que es seguro abrirse a ti al hacerlo tú primero. Al poner tu corazón en la línea de esta manera y revelar tus pensamientos y sentimientos internos, le indicas a tu pareja que puede hacer lo mismo; tienes tanto que perder como ellos, y estás feliz de arriesgarlo de todos modos.

Crear esta atmósfera positiva y ser una presencia tranquilizadora para tu pareja implica respetar constantemente sus opiniones y sentimientos cada vez que los expresan y mostrar un interés genuino en conocerlos por dentro y por fuera. Implica ser receptivo a lo que tienen que decir y ser capaz de escuchar atentamente sin juzgar o condenar errores que podrían haber cometido o cosas que tal vez no les gusten de sí mismos. Abrirse emocionalmente puede ser algo muy difícil de hacer para alguien, especialmente si no lo ha hecho antes o si ha sido gravemente herido por ser vulnerable en el pasado. Tu función, entonces, es adecuar esta experiencia apoyando y alentando a tu pareja y centrándote en aprender sobre cómo se sienten acerca de ellos mismos, mientras les aseguras que no necesitan juzgarse a sí mismos y que también tienes un montón de cosas que no te agradan de ti mismo. Esta apertura y receptividad con el tiempo ayudará a ajustar la forma en la que tu pareja se siente sobre de sí misma y le permitirá sentirse más relajada con la idea de abrirse. Tu influencia, paciencia y actos de bondad, grandes y pequeños, ayudarán a determinar cuán segura y cómoda se siente tu pareja contigo, y por lo tanto la medida en que realmente pueden revelar su ser emocional interior.

> **Consejo rápido**: Cuando una persona se centra en cómo se siente acerca de sí misma, las emociones predominantes que experimentan tienden a ser dudosas y cuestionables, y acomplejadas. Parte de ayudarlos a abrirse a ti es compartir tu propio ser interno con ellos con el fin de permitirles enfocarse en cómo te sientes acerca de ti mismo, cambiando su enfoque y ayudándoles a sentirse más cómodos con la idea de seguir tus pasos. Si te sientes lo suficientemente cómodo como para abrirte sobre ti mismo sin miedo a ser juzgado, entonces lo más probable es que con el tiempo, ellos también lo estarán.

Manteniéndose Enamorados

Tal vez lo más difícil de aceptar sobre el amor es que nunca puede ser perfecto. Estoy segura de que todos nosotros en un momento u otro de nuestras vidas hemos experimentado ese anhelo de amor perfecto, de nuestra alma gemela, con quien cruzaríamos miradas y caeríamos rendidos a sus pies y luego viviríamos felices para siempre, sin ninguna de las dificultades o momentos difíciles que acompañan a nuestras experiencias de amor en la realidad. La cierto es que nada y nadie es perfecto. No existe tal cosa como un final de cuento de hadas. Hay varias etapas diferentes de madurez en el amor que atraviesan las personas, con diferentes niveles de comprensión mutua y de la relación en cada una.

- **Fase Uno: Anhelo**. Esta etapa representa el comienzo de una nueva relación. A menudo se conoce como el período de "luna de miel" y se caracteriza por fuegos artificiales, pasión y enamoramiento. Sin embargo tiene poca claridad; ninguno de los dos ha comenzado a descubrir la superficie del otro, por lo que hay una baja claridad sobre la relación y una falta de comprensión de cómo sería estar juntos. A pesar de que la relación en esta etapa no ha sido comprobada completamente y ambas personas son esencialmente extrañas entre sí, la intensidad de los químicos del "amor" en el cerebro comúnmente hacen que ambos individuos se sientan como si pudieran estar juntos para siempre.

- **Fase dos: Retribución**. La segunda etapa de una relación comienza una vez que el período de luna de miel llega a su fin. Esta fase se caracteriza por una disminución en el número de sustancias químicas y hormonas que generan "amor" en el cerebro, lo que conduce a una sensación de intensidad baja e incluso frialdad o distanciamiento sentimental en comparación con la primera etapa. La claridad de ambos partes en cuanto al contenido de la relación y del carácter del otro se hace mucho más clara a medida que aprenden el uno del otro. El compromiso de cada persona en este punto se pone en tela de juicio a medida que se enfrentan cara a cara con la realidad.

- **Fase tres: Duradero**. Esta es la etapa final en la maduración de una relación. En este punto, los químicos que generan "amor" en el cerebro dejan de ser relevantes, y la llama de la pasión se consume en un calor ardiente y brillante. En este punto, la claridad de ambas personas en cuanto a la naturaleza de la relación se vuelve cristalina, y su compromiso estable y duradero. Incluso una vez que la relación ha llegado a esta etapa, la pasión puede ser re-encendida de vez en cuando, avivando el fuego y añadiendo más combustible a través de la búsqueda de nuevas formas de vincularse y explorarse entre sí y a la vida con más profundidad. La llama del amor podría consumirse, pero sólo se apaga si lo permites.

Estar en una relación comprometida y a largo plazo implica poner el esfuerzo de mantener vivo el amor. El amor es una elección y una acción, más que un sentimiento. Es una forma de tratar a tu pareja y tener cierta actitud hacia la relación que tienes con ellos. Comprender la verdadera naturaleza de las relaciones y los cambios por los que naturalmente pasan puede facilitar el adaptarse cuando te suceden a ti. Mantener una relación viva y duradera consiste en asumir una posición positiva sobre ella y luchar por añadir el esfuerzo necesario para hacerla funcionar. Casi tienes que actuar como si nunca hubieran dejado de tener citas, continuamente esforzándose por hacer cosas agradables y atentas el uno por el otro sólo porque quieren hacerse felices entre ustedes.

Incluso si te sientes negativo acerca de tu relación, esto puede ser una realización increíblemente poderosa. Tu relación es lo que es. No importa con quién estés, siempre puede mejorar y siempre puede empeorar. Se trata de la forma en la que miras las cosas. El hecho es que sigues con ellos, y si tomas una actitud positiva, el único camino que quedará será mejorar. Siempre es mejor asumir la posición de "mi relación es buena" y luego trabajar para mejorarla, en lugar de buscar maneras de arrastrarla hacia abajo, agujerarla y encontrar defectos en ella.

Mucha gente cae en la trampa de engancharse a la pasión y las endorfinas halladas en la etapa de luna de miel de cada nueva relación y saltar de pareja en pareja, enamorándose una y otra vez hasta aburrirse, buscando constantemente "al indicado" de quien nunca sentirán que su amor se desvanece después de sólo unos meses. Esta mentalidad simplemente no es realista, y sólo te dejará con toda una vida llena de arrepentimiento por las oportunidades perdidas con personas con las que podrías haber hecho que funcionara y haber tenido una relación hermosa y satisfactoria si sólo hubieras tenido la comprensión de que un amor perfecto no es posible encontrar.

Una parte del hecho de que el amor es una elección que haces, es que es una experiencia activa, más que pasiva. Obtienes lo que aportas, y cuanto más lo alimentas y lo nutres más será sustentable. Necesita ser cuidado y cultivado como a un jardín. Si no se cumplen las condiciones adecuadas o no se proporciona el cuidado correcto, una relación puede terminar descuidada y famélica. Hay cinco áreas en particular dónde necesitas centrarte para mantener satisfactorio el vínculo con tu pareja:

1.   **Seguridad**: Tiene que hacer que tu pareja se sienta segura contigo y en la relación. Esto incluye confianza y apertura contigo.

2.   **Apreciación**: Tienes que mostrar gratitud a tu pareja por su presencia en tu vida, su apoyo emocional y la amistad que te brindan, y el hecho de no separarse de ti. Es importante validar a tu pareja y reconocer sus sentimientos.

3.   **Respeto**: Esto es esencialmente ser amable con tu pareja y considerado de sus necesidades. Implica mantener su confianza, y no venderlos o traicionarlos de ninguna manera. También incluye una consideración de sus opiniones y consultar con ellos antes de tomar cualquier decisión que les afecte a ambos.

4.   **Estímulo y apoyo**: Ser una buena pareja para tu contraparte se trata de sostenerlos y apoyarlos contra viento y marea. Necesitarán tu aliento, tu consejo y ayuda en todos los mejores y peores momentos de su vida.

5.   **Dedicación**: Esto también podría ser visto como un esfuerzo, y es uno de los factores más influyentes para mantener vivo tu amor, ya que determina cuánto trabajo estás dispuesto a invertir en tu relación. Sin dedicación y esfuerzo de ambas partes, una relación se detendrá lentamente y terminará con quejas así como con ambas partes cuestionándose por qué vale la pena intentarlo y tomando caminos separados.

Consejo rápido: Cada interacción que tengas con tu pareja será positiva o negativa. Será de amor, energía y atención, o de apatía, desinterés e incluso rencor. De esta manera, la base y el carácter de tu relación se construyen en el presente, con las acciones que haces y la actitud que tomas, cada momento. Está construida a partir de los mensajes y las llamadas telefónicas y los pequeños actos de bondad amorosa y consideración. Puedes aportar cierta inspiración, creatividad constructiva y energía positiva a tu relación, o puedes ser destructivo a través del descuido o la malicia, y dejar que se desmorone y se erosione. Tus decisiones son sólo tuyas, y tu relación depende de ti. Puedes cambiar intencionalmente tu actitud hacia tu relación para darle una mejor energía, y tratar a tu pareja como la persona que amas y aprecias. De esta manera, pueden mantener viva su relación y evitar que se agote el amor entre ustedes.

Capítulo Seis:
Los Verdugos de una Relación

En esta sección, veremos las cosas que podrían ponerle fin a una relación, ya sea de manera rápida y aguda o lenta y llena de sufrimiento.

Comportamiento Autodestructivo

Cualquier relación se trata de un vínculo entre dos personas. Cuando la relación es lo suficientemente estrecha, los acontecimientos y circunstancias en la vida de una de las partes en la relación tendrán un impacto en la otra. Esta es la razón por la que el comportamiento autodestructivo puede ser tan determinante de ponerle fin a las relaciones; cuando una persona se encuentra en una espiral descendente, las personas a su alrededor abandonarán la nave en algún momento con el fin de evitar ser succionadas en el remolino de negatividad que la persona autodestructiva representa. El comportamiento autodestructivo causa la destrucción de las relaciones dondequiera que ocurra, y a menudo nos lleva a lastimar a los que más amamos.

La gama de comportamientos autodestructivos es amplia y variada. En esencia, es cualquier comportamiento que termina dando resultados negativos a la persona que lo perpetra, sin importar si era o no su intención. También incluye aquellas actitudes y estados de ánimo que inevitablemente conducen a consecuencias negativas y destructivas para las personas. Algunos de los ejemplos más comunes y debilitantes de comportamiento autodestructivo incluyen:

- **Críticas (ya sean intencionadas o no)**

- **Falta de respeto**

- **Pereza**

- **Necedad por tener razón**

- **Agresividad y rencor**

- **Negatividad**

- **Abuso de sustancias**

- **Egoísmo**

- **Asumir lo peor**

- **Indagar en el pasado**

•No asumir la responsabilidad de sus propias acciones o culpar a los demás o al mundo por sus problemas

•Obsesión con el castigo

•Rencores y resentimientos

•Arrogancia

•Pensar que otras relaciones son mejores

•Mentir compulsivamente

El comportamiento autodestructivo se trata menos sobre los comportamientos individuales y más sobre la actitud que una persona tiene hacia sí misma y hacia las personas que la rodean. Cuando una persona es autodestructiva, tiende a reflejar varios o más de estos atributos en un patrón de negatividad y toxicidad que tiene consecuencias reales para sus propias vidas y para las personas que conoce y con las que tiene relaciones. El efecto neto de ser una persona demasiado crítica, egoísta, perezosa, arrogante, y que siempre tiene que tener la razón es que nadie quiere conocerlos porque son odiosos y menosprecian a todos los demás. Lo mismo ocurre con las personas que siempre son negativas y asumen lo peor de todos y todo, o personas que guardan rencor y están obsesionadas con vengarse. El efecto es el mismo; alejan a todos de ellos y terminan matando relaciones.

Cuando una persona ejemplifica estos comportamientos y actitudes, se lastima a sí misma más que a nadie. La negatividad, la toxicidad y la amargura que irradia de ellos provienen de un lugar de profunda dolor, pero los envenena exactamente de la misma manera que ellos envenenan a todas las relaciones en su vida. Cambiar estos comportamientos dañinos implica que una persona cambie su estado mental y su actitud. Este consejo se ofrece comúnmente y también es común catalogarlo como un disparate, porque seguramente si conseguir ser una persona más feliz y más agradable es tan simple como pensar positivamente entonces sería fácil de hacer, ¿verdad? Incorrecto. Es simple, pero eso no significa que sea fácil. Cambiar una secuencia de comportamientos autodestructivos significa que una persona replantea totalmente su personalidad y el tipo de energía que aporta a sí misma y las circunstancias de su vida en favor de una manera diferente de verse a sí misma y al mundo que les rodea.

Esta puede ser una tarea bastante difícil incluso con terapia y orientación, pero puede ser hecha por una persona sin ayuda de nadie más. Todo lo que se requiere es un deseo de cambiar para mejor, de convertirse en una mejor persona y más positiva. Una vez que este deseo se adhiera al corazón de una persona, será capaz de salir por sí misma de la negatividad y amargura en la que se encuentra, lo que eventualmente permitirá que vea la vida con una perspectiva totalmente nueva. Para hacer esto, esa persona primero debe hacer alguna búsqueda del alma. Tienen que mirarse al espejo y preguntarse qué quieren hacer con la oportunidad que se les ha dado al vivir. ¿Cuál quieren que sea su legado, para ellos y para las personas que conocen? ¿Quieren pasar sus días amargados por el mundo y ser una influencia tóxica en las personas que conocen? ¿O quieren disfrutar de sus vidas y centrarse en ser personas positivas y agradables, que aportan valoración para otras personas y hacen que sus vidas y el mundo sea una experiencia un poco mejor?

Una vez que este deseo está presente en una persona, pueden seguir haciendo grandes avances, primero en la forma en como se ven a sí mismos y luego en la forma en como ven a las otras personas en su vida. Lo necesario aquí es un aprecio por las cosas buenas en la vida, un sentido de gratitud por las hermosas experiencias que podemos tener y las personas increíbles que podemos conocer. Se requiere anhelo de ver lo bueno que hay en el mundo, así como lo malo, y tomar una decisión consciente de centrar atención y energía en lo positivo en lugar de lo negativo. A partir de ahí, los atributos negativos y autodestructivos pueden ser reemplazados por positivos y constructivos. El egoísmo puede ser reemplazado por el desinterés, al actuar para ayudar y asistir a los demás en lugar de preocuparse únicamente por uno mismo. La arrogancia puede ser reemplazada por la humildad, con el entendimiento de que nadie es impecable y que todo el mundo comete errores. El resentimiento puede ser reemplazado por el perdón, avanzando hacia vivir y dejar vivir. Las cosas negativas a las que nos aferramos nos perjudican mucho más cualquier persona, precisamente por esto son tan autodestructivas.

Una gran parte de lo que hace que el cambio positivo sea tan difícil, especialmente después de haber vivido con una mentalidad negativa y amarga durante tanto tiempo, es que cambiar significa tener que aceptar contigo mismo y por consiguiente con el mundo en general que estabas equivocado durante tanto tiempo; que tu negatividad y amargura estaban fuera de lugar, y que en última instancia, fue tu decisión vivir de esa manera, en lugar de que haya sido una carga que te viste obligado a llevar como resultado de los acontecimientos de tu vida y la naturaleza del mundo. Asumir la responsabilidad de todo esto es algo increíblemente difícil y doloroso de hacer, y a menudo es la razón por la que algunas personas cercanas a hacer un cambio positivo en sus vidas, sólo se vuelven renuentes y duplican su miseria en el último obstáculo. Es horrible enfrentar la realidad de que nuestras vidas son regidas mucho más por la manera en que reaccionamos a los acontecimientos en lugar de los acontecimientos mismos que nos suceden, pero es necesario para empezar a vivir realmente bien. A menudo estamos ciegos a las cosas hasta que son reveladas finalmente y todo tiene sentido. A veces necesitamos experimentar las cosas directamente para entenderlas de verdad, y hasta entonces, sólo podemos hacer lo mejor que podamos con lo que tenemos en determinado momento, incluso si esas cosas no son lo mejor para nosotros o para cualquier otra persona; a menudo pensamos que no tenemos más remedio que hacerlas.

Codependencia

La codependencia es un concepto interesante y complejo que nos da una visión fascinante de la psicología humana. Es un poco como arenas movedizas; una vez que estás dentro, estás atascado, y entre más luchas por liberarte más profundo te succiona. Es una condición conductual en las relaciones donde una persona permite la enfermedad mental, la adicción, la inmadurez o la irresponsabilidad de otra persona. Puede suceder en cualquier tipo de dinámica de relación, comúnmente manifestándose como la dependencia total de una persona hacia su pareja romántica, hermanos, padres, amigos y compañeros de trabajo. También se conoce a veces como "adicción a las relaciones" porque las personas con codependencia tienden a sentir una gran necesidad de formar relaciones unilaterales, emocionalmente abusivas y superficiales con personas que luego pueden manipular para satisfacer sus necesidades. Una persona codependiente hará todo lo posible para apresar y atrapar a las personas en las que pueden apoyarse fuertemente con el fin de mantener sus problemas mentales o de comportamiento mientras tienen a alguien que cuida de ellos y procura que sus necesidades sean satisfechas.

Se ve comúnmente en casos de adicción grave a las drogas, como el alcoholismo, aunque también a menudo aparece en personas con enfermedades crónicas físicas y mentales. Es una dependencia total de otra persona, con la persona codependiente negándose a hacer cualquier cosa para cuidar de sí mismo o valerse por sí sólo, de forma independiente. Las personas con codependencia tienen que encontrar una persona que los cuide, un proceso conocido como "habilitar". Esta habilitación sostiene el comportamiento negativo de la persona codependiente y les permite continuar en su estilo de vida. Las personas atraídas a este papel de habilitador tienden a ser amigos cercanos y familiares del codependiente, y por lo general son personas que sienten cierta satisfacción al ser el héroe y salvador de una persona necesitada. Al "rescatar" a la persona codependiente, proporcionando recursos y apoyo, los habilitadores pueden sentir que están haciendo lo correcto independientemente de cómo afecte a su propia vida. La verdad, sin embargo, es que todo lo que están haciendo es permitir que una persona enferma perpetúe su enfermedad sin obtener la ayuda adecuada y aprender a independizarse.

Sin embargo, no todos los habilitadores son participantes dispuestos en la relación codependiente. Las personas codependientes son buenos manipuladores y pueden llegar a extremos para culpar y persuadir a la gente para que los cuide y se conviertan en su habilitador. Ellos manejan tácticas emocionalmente abusivas como el abuso psicológico con el fin ajustar su control sobre la persona que están tratando de habilitar, lo que con el tiempo puede hacer que ésta realmente crea que la persona codependiente simplemente no puede vivir sin ellos. La codependencia es un comportamiento aprendido, a menudo transmitido a través de familias disfuncionales donde los miembros más jóvenes de la familia observan cómo los mayores se aseguran de que sus necesidades se satisfagan con el fin de mantener sus adicciones o comportamiento negativo, y repiten este patrón ellos mismos.

Romper los hábitos codependientes y ser más independiente no es algo que una persona con esta condición pueda hacer mientras está siendo atendida. El ciclo necesita ser quebrantado por el habilitador o habilitadores en su vida, quienes se abstienen de rescatarlo. Sólo forzando a la persona codependiente a tener que cuidar de sí misma es que la conducta negativa o adictiva puede ser detenida. Sin embargo, esto puede ser difícil, ya que a menudo exponen un argumento convincente con el fin de persuadir a la gente a seguir cuidándolos. Sus facilitadores pronto quedan atrapados, con la retención de la persona codependiente oprimiendo y haciendo más difícil el escape. Las relaciones con las personas codependientes son siempre disfuncionales debido a la naturaleza de su condición; ven a los demás como un medio para un fin, en lugar de tener una perspectiva saludable de las personas que conocen. Esto hace que mantener cualquier tipo de relación con personas codependientes sea increíblemente difícil, lo que resulta en vínculos rotos y relaciones terminadas a lo largo de los años.

Controladores Obsesivos

Las personas que sienten una necesidad excesiva de tener el control tienden a ahuyentar a los más cercanos a ellos debido a su rígida incapacidad para tolerar la incertidumbre. La naturaleza misma de la vida es incierta; no puedes controlar nada en la vida aparte de la forma de reaccionar a las cosas que te suceden: tu propia actitud y comportamiento. Esto significa que los obsesivos por el control están luchando una batalla perdida, y los efectos secundarios de esto se manifiestan como un comportamiento tóxico mientras tratan desesperadamente de ordenar y controlar todas las cosas en su vida.

Hay una buena razón por la que algunas personas buscan ejercer control sobre las circunstancias de su vida y las personas que conocen. En cierto sentido, el control es libertad; es la libertad de elegir lo que sucede. Queremos controlar nuestras vidas para elegir lo que nos sucede y dirigirnos a un lugar determinado donde creemos que seremos felices. El problema es que la libertad de otras personas tiende a afectar a la nuestra, y aquí es donde entran en juego las batallas de control. Los controladores obsesivos sólo pueden controlar sus vidas en la medida en que pueden controlar a las personas dentro de ella, y por lo tanto están constantemente tratando de dar forma y moldear a los demás para que sean lo que ellos quieren que sean, en lugar de respetar el derecho de las personas a ser independientes y tomar sus propias decisiones.

Las relaciones controladoras pueden ocurrir en cualquier lugar, pero es más común que aparezcan en dinámicas donde la persona controladora tiene un gran control natural sobre otra, como los padres o las parejas románticas, y es, por lo tanto, menos difícil controlar más y más aspectos de la vida de una persona, ya que están estrechamente vinculados. Debido a que las personas tienden a ser naturalmente independientes, el comportamiento de los controladores obsesivos sólo hace que las personas en su vida se alejen más de ellos en un intento de evitar ser atrapados por la forma en que la que el controlador quiere ordenar todo en sus vida. Esto significa que controlar el comportamiento a menudo sólo termina de una manera: con rupturas, amigos que se alejan y niños que dejan el hogar tan pronto como pueden para vivir sus propias vidas en sus propios términos.

Convertirse en una persona menos controladora es llegar no sólo a tolerar, sino a apreciar la incertidumbre y el caos que son los estados naturales de la vida. En lugar de buscar que todo funcione de acuerdo con sus expectativas, la persona controladora debe llegar a entender que todo lo que realmente puede controlar es la forma en que reacciona a la vida, y que la belleza y el gozo en la vida provienen de seguir la corriente en lugar de tratar de nadar contra la misma. Las personas tienen derecho a la autodeterminación, y harán lo que quieran. Tampoco hay manera de evitar que la gente te lastime. Si alguien va a lastimarte o traicionarte, entonces va a suceder, y no hay nada que se pueda hacer para prevenirlo o controlarlo.

Inseguridad

Todo el mundo se siente inseguro de vez en cuando, pero cuando se convierte en una parte que define nuestra vida cotidiana, la inseguridad puede llegar a ser muy problemática para nuestra propia autoestima y las relaciones que tenemos con otras personas en nuestras vidas, de las cuales dudamos constantemente en opiniones y pensamientos, pero también buscamos su validación y alivio. Aunque la inseguridad puede afectar a todo tipo de relaciones, es más destructiva en las románticas, donde gran parte de nosotros mismos y nuestra propia identidad se adhiere al vínculo que tenemos con otra persona, y las preguntas sobre lo que realmente piensan de nosotros (si somos o no lo suficientemente buenos para ellos, si piensan que somos adecuadamente buenos, si somos lo bastante inteligentes o guapos, si nos aceptan o no) emergen a la superficie en forma de ansiedad y preocupación. Esta necesidad de aprobación de otras personas socava nuestra confianza en nosotros mismos, alejándonos cada vez más de sentirnos felices en nuestros propios cuerpos y mentes y arraigando la necesidad de una validación y aceptación constantes de otras personas para mantener una sensación de autoestima.

Este problema se ha agravado significativamente en la era de las redes sociales, donde podemos subir fotos de nosotros mismos con el fin de recibir comentarios cuantificables sobre lo queridos, admirados o apreciados que somos a los ojos de las personas que conocemos. Todos queremos sentirnos seguros y confiados, y a menudo no lo hacemos. Es la naturaleza de la vida. Cuando este tema se sale de control, sin embargo, puede convertirnos en un agujero negro, absorbiendo el alivio y la validación de los demás en cantidades cada vez mayores, tratando de llenar un vacío dentro de nosotros que nunca puede ser llenado por la aceptación y el amor de nadie más que nosotros mismos. Esto puede ser especialmente problemático cuando se trata de nuestra pareja, ya que la inseguridad que nos hace caer puede apoderarse de ellos y derribarlos con nosotros. Nuestra insaciable sed de su aprobación y tranquilidad puede llevarlos al agotamiento y a sentir que no son suficientemente buenos para nosotros, lo cual, en cierto sentido, es correcto. Nadie puede ser suficiente para una persona insegura. Ninguna cantidad de aprobación y validación externas llenará el vacío que sienten en el interior. Sólo su propio amor, aprobación y aceptación podrán sanar ésta herida.

Superar la inseguridad, en primer lugar, requiere una comprensión de por qué nos sentimos inseguros. Está bien ser inseguro, pero tenemos que averiguar de dónde viene para arreglarlo. La autoconciencia y la duda que sentimos hacia nosotros mismos cuando somos inseguros, en última instancia, provienen de enfocarnos en cómo se sienten las personas por nosotros y cómo nos sentimos acerca de nosotros mismos. Estamos totalmente absorbidos y ligados con nuestra persona; con la forma en la que somos percibidos por los demás y por nosotros mismos. Esto nos causa mucha ansiedad porque estamos constantemente preocupados por cómo nos ven otras personas y lo que piensan de nosotros. En realidad, no importa lo que nadie piense de ti. Lo que es importante es cómo te sientes acerca de ti mismo.

Aunque pueda parecer contradictorio, sentirse más cómodo con nosotros mismos requiere salir de nuestro propio camino y darnos cuenta de que es irrelevante cómo nos sentimos acerca de nosotros mismos o cómo otras personas nos perciben. En cambio, podemos centrarnos en cómo los demás se perciben a sí mismos para distraernos de dudar constantemente de nosotros y dejar de preocuparnos por cómo nos ven. Podemos usar la "metacognición" o pensar sobre el pensamiento, para aprender cómo nuestras mentes procesan nuestra relación con nosotros mismos. Entonces podremos notar que tenemos un nivel mucho más alto de elección y control sobre cómo nos sentimos acerca de nuestra persona del que habríamos pensado anteriormente. Nos volvemos más confiados en nosotros mismos y a gusto en nuestro propio ser cuando nos damos cuenta de que somos lo suficientemente buenos, que siempre hemos sido lo suficientemente buenos porque somos quienes somos y eso está bien, no importa quién seamos.

Consejo rápido: Tenemos que aceptar todas las cosas que nos hacen únicos, las buenas y malas. Tenemos que aceptar nuestros defectos y darnos cuenta de que todos los demás son tan defectuosos y tan capaces de ser viles como nosotros. Es sólo cuando comprendemos que todos se sienten inseguros y dudan a veces, que nos damos cuenta de que tenemos que amar y aceptarnos ante todo. Podemos expresar gratitud por nuestra vida y la oportunidad que tenemos al enfocarnos en cómo se sienten los demás acerca de sí mismos, en lugar de cómo se sienten acerca de nosotros o cómo nos sentimos por nosotros mismos.

Arreglar una Relación Arruinada

Las relaciones románticas son increíblemente confusas y complicadas. Navegar por ellas es una de las cosas más difíciles que tenemos que hacer en nuestras vidas. Con el fin de sanar las grietas y arreglar una relación, el primer paso es averiguar qué es exactamente lo que está mal. Al igual que llevar un coche al mecánico o ir al médico, tienes que hacer un diagnóstico antes de poder comenzar a tomar medidas para abordar y resolver el problema. Aquí es donde la mayoría de las parejas se meten en problemas cuando tratan de solucionar problemas en su relación; no pueden averiguar dónde se encuentra el verdadero problema porque se estancan en culparse entre sí y preocuparse por quién está bien o mal. En realidad, nadie tiene razón y nadie está equivocado. Cuando hay problemas en una relación, la culpa siempre se comparte. Averiguar quién tiene razón y quién está equivocado no es importante; hacer un diagnóstico sí lo es.

Para arreglar una relación, primero debes dar un paso atrás y darte cuenta de que los dos son un equipo. La mentalidad que necesitan tener como pareja para superar los obstáculos es que son ustedes dos frente al problema. Tratar de averiguar quién está bien y quién está equivocado y echarse la culpa el uno al otro sólo los separa y aleja aún más, cuando lo que realmente necesitan hacer unirse y usar el trabajo en equipo y el apoyo mutuo para resolver los problemas y confrontarlos como uno. Tienen que dejar su ego a un lado y aceptar la idea de trabajar juntos para salir a flote en lugar de intentar sumergir el uno al otro para evitar ahogarse. Si toman este último enfoque, la relación se hundirá. Tienen derecho a sentirse como deseen, pero si realmente quieren que las cosas funcionen, deben comprometerse a ser un equipo.

La comunicación es clave. Comprométanse al viaje de vivir juntos, a seguir aprendiendo unos de otros y empujando las profundidades de su comprensión cada vez más lejos. Hablen entre ustedes, sean abiertos y honestos, y dense el tiempo y el espacio para escucharse realmente. Si quieren hacer que las cosas funcionen, entonces el amor no se ha perdido. A veces se necesita una forma diferente de ver las cosas para redescubrir todas las cosas increíbles que han llegado a dar por sentado el uno del otro. La vida es corta, así que traten de no tomar las cosas demasiado en serio. Traten de aligerarse, disfrutar de la compañía del otro y divertirse un poco. Sean amables el uno con el otro, y recuerden que pase lo que pase, estás juntos.

Capítulo Siete:
Finalizando Relaciones

Parte de ser un buen comunicador y entender las relaciones implica saber cómo llevarlas a su fin de una manera positiva cuando llega el momento. En esta sección, veremos cómo hacer exactamente eso.

Terminar con alguien de la Forma Adecuada

La realidad de la vida es que muchas relaciones tienen que llegar a su fin tarde o temprano. No todos podemos estar con la primera persona con la que salimos para siempre. La comunicación es tan esencial para poner fin a las relaciones como lo es para mantenerlas. La forma en que rompemos con nuestras parejas determina directamente la cantidad de sufrimiento y dolor que sentirán. Cuando manejamos las cosas de manera madura y respetuosa a través del buen uso de las habilidades de comunicación, podemos mantener la agonía al mínimo que nuestra pareja siente al terminar con ella.

•**Asegúrate de estar seguro**: Una vez que juegues la carta de la ruptura, no podrás echarte atrás. Terminar está ahora sobre la mesa, e incluso si decides que has cometido un error y después de todo quieres permanecer juntos, no funcionará. A la primera pelea o desacuerdo que tengan después, surgirá todo de vuelta. Si no estás seguro de lo que quieres hacer, entonces espera y no hagas nada hasta que estés totalmente seguro de cómo te sientes. No puedes permitirte tomar decisiones precipitadas con tanto en juego.

•**Una vez que hayas tomado una decisión, termina las cosas rápidamente**: Cuando sepas lo que quieres y necesitas hacer, hazlo lo antes posible. Tienes que hacer una ruptura brutal. La vida es desesperadamente corta, así que tienes que hacer lo correcto para los dos. No es justo para ti o ellos continuar si no estás contento con la forma en que son las cosas. Si tienes planes hechos como una reserva de vacaciones o un cumpleaños para el que has comprado un regalo, tendrás que ser valiente. Esas cosas no importan a largo plazo, y te sentirás muy extraño todo el tiempo si sabes que estás alargando el tiempo hasta que termines con tu pareja.

Nunca hay un momento perfecto para terminar, así que hazlo rápido.

•**No seas injusto**: Los amantes torpes a veces no tienen la voluntad de ser el malo para poner fin a una relación en la que ya no quieren estar, por lo que hacen algo para obligar a su pareja a hacerlo, como empezar a beber o ser infiel. No seas injusto, y no hagas las cosas más difíciles o más dolorosas de lo que tienen que ser.

•**Hazlo en persona**: Le debes a tu pareja lo suficiente para terminar la relación frente a frente. Ahórrales el dolor extra y la humillación de ser terminados a través del teléfono o mensajes de texto.

•Cuéntales los hechos, sé específico: No hay necesidad de ser desagradable al exponer cada pequeño defecto y detalle minúsculo que nunca te ha gustado acerca de tu pareja. Lo que tienes que hacer es explicar tan claramente como puedas las razones de por qué estás terminando con ellos, siendo específico y apegándote a la información elemental. Explica cómo no son los indicados el uno para el otro y admite los errores y dificultades que has aportado a la relación para ayudarlos a ver que lo mejor para ambos es tomar caminos separados.

•Sé valiente: Probablemente serás odiado por tu pareja y posiblemente sus amigos y familiares por un tiempo después de terminar, así que sé valiente y resiste. Estás haciendo lo correcto si ya no quieres estar con ellos, así que no te preocupes por justificarlo con nadie que no seas tú mismo.

•Ponte en su lugar: Sé tan maduro emocionalmente como puedas y maneja las cosas con tacto. Tu pareja va a experimentar una gran cantidad de dolor y tristeza. Van a sentir el dolor de perder a alguien que les gustaba y amaban. A menudo sólo pensamos en nosotros mismos y en cómo vamos a tomar este tipo de situaciones, pero es importante que nos pongamos en su lugar y pensemos en cómo se van a sentir y cuál es la mejor manera de hacer las cosas antes de apretar el gatillo.

•**Prepárate emocionalmente**: Cuanto más tiempo pases con alguien, tu vida se verá extraña y rara en retrospectiva después de terminar con ellos. Verás que ya no estás seguro de cómo sentirte sobre todos los recuerdos y memorias que tienes de la relación, pero debes tener en cuenta que el hecho de que las cosas no funcionaron a largo plazo, no significa que el tiempo que pasaste con ellos fue desperdiciado. Alégrate de que hayas tenido la oportunidad de crear esos recuerdos y tener esas experiencias. Independientemente de si te sientes aliviado o no cuando hayas terminado las cosas, te sentirás horrible después. Las relaciones son un hábito, por lo que sentirás un elemento de abstinencia una vez que haya terminado. También perderás mucho apoyo emocional, lo que puede ser difícil de procesar. Tómate el tiempo para prepararte y pasa el rato con tus amigos y familiares para ayudarte a superarlo.

●**Sé comprometido**: Una vez que hayan terminado, no mantengas contacto. Déjalos sanar a ellos y a ti distanciándote. No te desanimes por tu decisión. Terminar es bastante difícil, así que le debes a la persona con la que has estado por mucho tiempo tratar de darles la noticia de una manera que sea respetuosa pero firme y sin darles esperanzas de un futuro entre ustedes dos si no existe.

Permanecer como Amigos

Si puedes o no mantener amistad con tu ex después de que terminen dependerá del contexto de su relación y la forma de su ruptura. Si terminaste las cosas en buenos términos, con comprensión y respeto mutuos, las probabilidades de tener una amistad positiva son mejores que si terminan con hostilidad. Sin embargo, permanecer como amigos después de una ruptura es difícil, ya que la relación ha cambiado para siempre. Es muy difícil, sino es que imposible ser amigos allegados, pues es raro pasar de ser tan cercanos e íntimos a estar un escalón abajo. Es posible que comiences a sentir cosas que no quieres sentir por ellos. Estar en términos amistosos pero más distantes es mucho más pragmático. Depende en gran medida de lo dispuestos que estén ambos a mantenerse en contacto y en qué medida quieren seguir siendo parte de la vida del otro. Tal vez funcione o tal vez no. Todo lo que puedes hacer es esperar y ver qué pasa.

Si la ruptura fue un divorcio o tienen hijos juntos, las cosas pueden ser más complicadas. Es posible que tengas que permanecer en términos amistosos por el bien de los hijos, o con el fin de atravesar el proceso de divorcio con la mínima cantidad de molestia posible. Al final del día, no puedes controlar cómo se sienten o lo que quieren hacer, así que todo lo que puedes hacer es ver por ti y disfrutar de una vida rica y plena por tu cuenta. De esa manera, estás en posición de tener esa relación con ellos si resulta ser una opción, pero si no, tampoco es el fin del mundo. Es importante ser financieramente independiente y completamente autosuficiente si tienes hijos para no depender de la manutención y lo que recibas sea un extra, en lugar de simplemente ser lo que se espera. Pase lo que pase, sigue adelante con la cabeza en alto y sabiendo que sin importar qué, la vida es lo que construyes. Las parejas van y vienen, y aunque al principio las extrañaras, si no están contigo, es por una razón.

Últimas Palabras

La comunicación es una de esas habilidades que todo el mundo posee, pero pocos saben cómo usar realmente. No mucha gente siquiera entiende el verdadero potencial que tiene la comunicación para cambiar vidas y revolucionar la forma como te sientes sobre ti mismo y los demás. Es la clave para vivir de una manera exitosa y satisfactoria, y con este libro, has adquirido el conocimiento y las herramientas para implementarla adecuadamente en todas las áreas y aspectos de tu vida. Has aprendido sobre las diferencias entre hombres y mujeres en términos de cómo se entiende y procesa la comunicación, y cómo tener en cuenta estas diferencias cuando te comunicas. Has aprendido cómo implementar la comunicación positiva, cómo leer el lenguaje corporal para entender correctamente el mensaje que alguien está emitiendo, y cómo darle una gran primera impresión a alguien a través del enfoque de tu comunicación con ellos.

Hemos repasado cómo comunicarse y gestionar las relaciones en el trabajo, así como cómo manejar los conflictos, tratar con personas difíciles, negativas y tóxicas, y cómo saber cuándo es el momento de sacar a estas personas de tu vida. Como animales sociales, poder hablar entre nosotros e interactuar es el éter principal a través del cual construimos nuestras vidas. La comunicación constituye la base de nuestras sociedades y de nuestras vidas individuales, y las personas con las que compartimos nuestras experiencias son los verdaderos determinadores del tipo de experiencia que tenemos en este mundo. Por lo tanto, ser capaz de mantener relaciones sanas y equilibradas con las personas que conocemos es esencial para ser una persona feliz y completa, rodeada de gente que nos mejora e inspira y a su vez animamos y apoyamos tanto como podemos. Las relaciones son experiencias mutuas, compartidas; y mejorarlas ayudará a mejorar la vida de ambos como nunca antes habías podido imaginar.

Espero que este libro haya sido capaz de entrenarte a través de un enfoque más proactivo y comprensivo de las relaciones más importantes en tu vida. Espero que te haya permitido comprender mejor la importancia de la confianza, la honestidad y el respeto en la formación y el mantenimiento de relaciones con las personas en tu vida, así como permitirte obtener una visión más clara de esos rasgos y comportamientos que pueden llevar a las relaciones a un final precipitado y brutal. Aprender todas estas cosas no solo te ayudará a ser un mejor comunicador y maestro de relaciones, sino también a ser una persona más feliz, más segura de sí misma y profundamente satisfecha.

Este libro te ha mostrado cómo incorporar un enfoque más reflexivo y calculado de la comunicación en cada área de tu vida y te permitirá formar y mantener lazos duraderos con las grandes personas que conoces, así como sostener y nutrir las relaciones que tienes con la gente que amas. La vida es un campo minado, así que con este libro, he hecho todo lo posible para comunicar la importancia y la gravedad de practicar la paciencia y comprensión a la hora de comunicarme con las personas en tu vida. Todos enfrentan sus propias batallas internas, por lo que tener la capacidad de dar un paso atrás y ser imparcial con el fin de ofrecer una respuesta mesurada y reflexiva te coloca en el percentil superior de los comunicadores en el planeta. Con las habilidades que has aprendido aquí, ahora estás listo para salir y revolucionar el enfoque que tomas para comunicarte con las personas que conoces de una manera más positiva y beneficiosa. Podrás abordar y manejar las relaciones sin importar el contexto y averiguar cómo superar situaciones difíciles. Podrás cambiar tu relación con tu pareja, amigos y familia para mejor, y entender más fácilmente por qué las personas en tu vida hacen y dicen las cosas. Esta habilidad puede ser increíblemente útil en el fatigante viaje a través de relaciones complejas y circunstancias difíciles que todos enfrentamos. Te proporcionará claridad e indicará el curso de acción correcto donde antes hubieras quedado perplejo. Abraza tu vida y a las personas en ella, y recuerda que la felicidad siempre es mejor cuando se comparte.

La vida es corta, así que al final del día, todo lo que puedes hacer es dar lo mejor de ti y rodearte de buena gente. Cuando esto no es posible, este libro te ha mostrado la manera de manejar el cierre de las relaciones que han alcanzado el final del trayecto, y permitirte avanzar hacia un futuro más brillante y positivo con las personas de tu vida que te mejoran y te apoyan, en lugar de con personas negativas y tóxicas que están en un camino descendente y sólo se preocupan por arrastrarte con ellas. Suelta a esas personas cuando puedas (tu vida solo puede mejorar sin ellas) y recuerda que las personas con las que pasas más tiempo te moldean y definen. Pasa tiempo con las personas adecuadas, con personas positivas y alentadoras, y deja que aquellos que empeorarán tu vida se alejen.

Espero que hayas disfrutado leyendo tanto como yo disfrute escribiendo, y que las lecciones que te ha enseñado sean tan beneficiosas y esenciales para cambiar tu vida para mejor como lo han sido para la mía. Recuerda que tu vida está en tus manos y las relaciones que tienes están completamente bajo tu control. Todo lo que se necesita es el deseo de moldear tu vida para mejor y el conocimiento de cómo hacerlo que este libro te ha proporcionado. Sé amable, sé valiente y recuerda ser paciente y comprensivo tanto como puedas. La comunicación es tanto entender realmente el trasfondo en torno a cómo funcionan las mentes de las personas y el racionamiento de sus acciones, así como la esencia pura de transmitir un mensaje. Si puedes darle a la gente el tiempo y el espacio que necesitan, podrán decirte lo que quieren que sepas en su propio tiempo. ¡Buena suerte!

Libro 2:
La Comunicación En El Lugar De Trabajo

Todo Lo Que Necesita Saber Sobre Estrategias De Comunicación Eficaz En El Trabajo Para Ser Un Mejor Líder

Introducción

La comunicación es el núcleo de toda relación humana. Todos nos comunicamos de una forma u otra, todos los días. La comunicación en el lugar de trabajo puede ser especialmente difícil. La forma en que se comunica con otras personas en su lugar de trabajo o en su negocio, puede afectar la forma en que los demás le perciben y así relacionarse con usted. Aprender a comunicarse eficazmente no se trata solo de resolver conflictos en el lugar de trabajo. La comunicación eficaz también juega un gran factor que contribuye a sus relaciones con los clientes, la rentabilidad de la empresa, la participación y retención de los empleados y la eficacia con la que un equipo puede funcionar junto.

La comunicación eficaz es una habilidad que cada uno de nosotros tiene el poder de dominar. Como empleado, usted debe hacer un esfuerzo para aprender cómo comunicarse eficazmente, no sólo para el beneficio de los demás, sino también para usted. En este libro aprenderá estrategias comprobadas sobre cómo comunicarse eficazmente con sus compañeros de trabajo o empleados y poder expresar su mensaje sin ninguna confusión o frustración. Las empresas exitosas se basan en relaciones de trabajo saludables y una comunicación eficaz. Como empleado o propietario de un negocio, usted tiene el poder de contribuir al éxito del negocio perfeccionando sus habilidades de comunicación (Bosworth, 2019). Su propio estilo de comunicación personal tiene una influencia en otras personas y se puede utilizar para crear relaciones comerciales prósperas. La comunicación eficaz en el lugar de trabajo no se trata sólo de ser capaz de expresar con precisión sus ideas o de hacer ver su punto, es mucho más que eso. También va mucho más allá de resolver conflictos o crear un entorno de equipo positivo. Ser capaz de comunicarse eficazmente en el lugar de trabajo es esencial para las relaciones con los clientes, la cultura de la empresa, su proceso de ventas, la construcción de un mejor entorno de equipo y la participación de los empleados. Construir una estrategia de comunicación eficaz dentro del lugar de trabajo promueve la innovación, elimina las barreras culturales, ayuda a mitigar los conflictos y crea transparencia, lo que ayuda a promover la inclusividad.

¿Pero por qué debería escuchar lo que tengo que decir sobre el dominio de la comunicación eficaz en el lugar de trabajo?

Hola, mi nombre es Catalina Zapata y soy una consultora profesional de administración y comunicaciones. A lo largo de los años, he ayudado a muchos ejecutivos y organizaciones a lograr un mayor impacto enseñándoles cómo enfocarse en las necesidades de sus empleados a través de la comprensión de sus canales de comunicación. Además de esto, también doy conferencias y seminarios en todo el mundo a organizaciones globales que se centran en la creación de soluciones para problemas de comunicación dentro de los entornos de equipo. Me complace mucho ayudar a transformar las organizaciones utilizando los principios que he descrito en este libro.

La falta de comunicación eficaz en el lugar de trabajo puede causar muchos problemas diferentes. Alguien podría equivocarse en un proyecto de un cliente importante debido a una comunicación errónea. Los miembros del equipo pueden tener conflictos debido a una comunicación ineficaz o puede ser que los empleados no entiendan completamente la cultura de la empresa. Cuando puede comunicarse eficazmente con los miembros y compañeros de trabajo de su equipo, todos estos problemas se pueden evitar.

Hay un común denominador que veo cuando trabajo con organizaciones, sin importar el tamaño o tipo de industria. La fuerza de trabajo de la empresa es muy competente y trabajadora, sin embargo, a menudo tienen malos hábitos de comunicación omnipresentes que desembocan en drama, ira, desconfianza y baja moral. Esto puede suceder dentro de ese equipo individual y transferirse a otros departamentos. Mi objetivo en este libro es compartir mis vastos conocimientos sobre cómo superar los problemas de personalidad y comunicación para que usted (como empleado o empleador) pueda trabajar para crear un ambiente de trabajo más cómodo y productivo. Mis clientes regularmente me elogian por cambiar positivamente sus procesos de trabajo y ayudarles a crear conexiones que sean auténticas, energizantes y gratificantes tanto con sus colegas como con sus clientes a través de conversaciones hábiles.

El propósito de este libro es mostrarle cómo mejorar sus relaciones laborales mediante el uso de estrategias de comunicación eficaz. Esto se puede hacer fácilmente aprendiendo el idioma de apreciación de sus compañeros de trabajo. Al delimitar exactamente cómo comunicar de manera efectiva mensajes auténticos de agradecimiento y aliento a los empleados, compañeros de trabajo y jefes; este libro le proporcionará las herramientas para crear un lugar de trabajo más positivo, mejorar la moral del personal y aumentar el compromiso de los empleados. Muchos problemas dentro del lugar de trabajo se derivan de la cuestión de cómo hacer que la gente se sienta apreciada. Esta guía completa para la comunicación interpersonal le proporcionará las herramientas para hacer justo eso, creando un mejor entorno para la producción, relaciones prósperas con los clientes, alto compromiso de los empleados y desarrollo continuo del equipo.

Aquí hay un pequeño adelanto de las estrategias de comunicación para el lugar de trabajo que he incluido en este libro:

- La psicología detrás de ser capaz de comunicarse eficazmente en el trabajo.

- Cómo convertirse en un mejor oyente en el lugar de trabajo.

- Los obstáculos a una comunicación eficaz en el lugar de trabajo y cómo superarlos.

- Aclarar sus valores, encontrar su voz y establecer metas eficaces.

- Cómo dar y recibir correctamente las críticas.

- La importancia de la positividad en el lugar de trabajo.

- Errores comunes de comunicación y cómo evitarlos.

- Cómo tratar con personas o jefes difíciles.

- Convertirse en un experto de hablar en público.

- Manejo de conversaciones difíciles y pérdidas de tiempo.

- Hacer preguntas que generen resultados.

- Comunicación eficaz utilizando el lenguaje corporal, habilidades verbales y no verbales.

Podría tratar de encajar todo esto usted mismo mediante la lectura de sitios web y otros libros que sólo le dan retazos y piezas. Sin embargo, ¿realmente tienes tiempo para todo eso? Este es el libro más completo que encontrará sin dejar de ser el que le dará las herramientas exactas que necesita para crear un entorno de trabajo próspero donde todos se aprecian y realmente se entienden unos a otros.

No espere a que la falta de comunicación paralice sus relaciones con los clientes o cree malentendidos que ensucien su proceso de ventas. Ya sea que trabaje en un cubículo, una fábrica o dentro de un equipo virtual, aprender estrategias de comunicación eficaz hará una enorme diferencia en su vida profesional. Si desea crear procesos nítidos de comunicación en el lugar de trabajo, ¡siga leyendo!

Capítulo Uno:
El Increíble Poder de la Comunicación Eficaz en el Lugar de Trabajo

A menudo en el lugar de trabajo, enviamos correos electrónicos rápidos y notas con el fin de comunicar información (a veces muy vital). Sin embargo, esto tiene una desventaja importante. Los mensajes se pueden malinterpretar o malentender, lo que provoca una ruptura en los procesos de comunicación. El uso exclusivo de la tecnología, como correos electrónicos o mensajería instantánea, al comunicarse dentro del lugar de trabajo elimina la información esencial que se puede obtener mediante el uso del lenguaje corporal y el tono de voz.

¿Qué es la Comunicación Eficaz en el Lugar de Trabajo?

Ser capaz de comunicarse eficazmente dentro del lugar de trabajo se lleva a cabo a través de una serie de procesos verbales y no verbales para promover las relaciones profesionales. Con el fin de promover una comunicación eficaz dentro del lugar de trabajo, primero debe buscar e identificar las posibles barreras antes de continuar.

Existen muchas, muchas barreras para una comunicación eficaz en el lugar de trabajo. Algunas de las más comunes incluyen interrumpir a otros o interrupciones de otros, desatención al escuchar, no leer adecuadamente el lenguaje corporal y otras señales no verbales, diferencias de género (sí, hombres y mujeres se comunican de manera diferente), no obtener todo el mensaje o sacar conclusiones precipitadas y reacciones inapropiadas con otros (tanto verbal como no verbalmente) (Effectivecommunicationadvice.com, 2019). Para ser un comunicador más eficaz en el lugar de trabajo, hay varias cosas que puede hacer:

- Asegúrese de que su lenguaje corporal coincida con lo que está diciendo.

- Ser consciente de las diferencias de género en los estilos de comunicación y cómo manejarlos eficazmente.

- Tener una comprensión de las diferencias culturales y cómo trabajar con diferentes tipos de personas.

- No depender tanto de la tecnología y comunicarse en persona.

- Ser capaz de dar y recibir críticas constructivas

- Mantener las emociones fuera de la ecuación.

Trabajar para crear una comunicación eficaz dentro del lugar de trabajo, crea positividad y un ambiente agradable para usted y los que le rodean. Esto también puede ayudar a disminuir el estrés en el lugar de trabajo, aumentando al mismo tiempo la productividad y la moral general de los empleados.

La Psicología detrás de la Comunicación Eficaz en el Lugar de Trabajo

El cerebro reacciona a cualquier estímulo que encuentra (Chadwick, 2014). Cuando experimenta estrés, miedo, ansiedad, felicidad, satisfacción y alegría, su cerebro toma esas emociones y las procesa a través de reacciones del sistema límbico (Moawad, 2017). Cuando nuestros cerebros experimentan una emoción negativa como el estrés, tiene un efecto negativo en nuestro cerebro y nuestro bienestar emocional. Su enfoque disminuye, su capacidad de concentración se inhibe y sus habilidades cognitivas generales se reducen. Esto puede tener muchos efectos secundarios en el lugar de trabajo. Si no puede enfocarse, puede malinterpretar una orden o cometer un simple error que podría afectar drásticamente algunas otras áreas del trabajo.

Las emociones positivas tienen el efecto opuesto en el cerebro. Cuando usted está experimentando emociones positivas y positividad en el lugar de trabajo, es más probable que sea capaz de concentrarse mejor y será capaz de mejorar su rendimiento en tareas que son cognitivamente exigentes, como el pensamiento creativo, la flexibilidad cognitiva y un procesamiento más rápido de la información.

Cuando se le grita a un empleado o está demasiado estresado por algo, esto los pone en modo lucha, huida o parálisis. El cerebro no puede procesar si una amenaza es real o se percibe. Esto es debido a la producción de cortisol, también conocido como la hormona del estrés. Cuando se experimenta estrés, no importa si es real o percibido, se produce cortisol. Así que si su jefe le está gritando o está enloqueciendo por un error, el cerebro de usted procesa esto de la misma manera que si estuviera siendo perseguido por un tigre. Esto desencadena respuestas fisiológicas que drenan energía de la corteza prefrontal, la que nos ayuda a pensar lógica y racionalmente. Por lo tanto, si su corteza prefrontal no es capaz de procesar las cosas correctamente, hace que sea muy difícil ser productivo en el trabajo.

Por Qué es Necesaria la Comunicación Eficaz en el Trabajo

Hay muchas razones para abogar por una comunicación sana y positiva en el lugar de trabajo. Estas son algunas de las razones principales para promover una comunicación eficaz en el trabajo (Richason, 2017):

- Crea un ambiente de trabajo saludable.

- Ayuda a eliminar las barreras culturales.

- Aumenta las ganancias finales.

- Mitiga los conflictos.

- Aumenta la participación de los empleados.

- Fomenta un sentido de trabajo en equipo.

- Promueve la innovación.

- Aumenta el servicio al cliente y su satisfacción.

- Aumenta la retención de los empleados.

- Proporciona transparencia dentro de la organización.

- Incrementa la productividad de los empleados.

Con todos estos beneficios, no sorprende que la comunicación en el lugar de trabajo sea un tema importante.

¿Qué es Comunicación Interna y Externa?

Hay dos categorías básicas de comunicación; interna y externa (Webb, 2017). La comunicación interna se centra en la comunicación entre el empleado y la empresa, mientras que la comunicación externa se centra en la comunicación exterior con clientes, consumidores, proveedores o contratistas.

Cada uno de estos diferentes tipos de comunicación se maneja de manera diferente. Las comunicaciones internas se utilizan para informar, motivar y/o proporcionar comentarios a los empleados. Las diversas formas de comunicación interna pueden incluir correos electrónicos internos, notas, llamadas telefónicas, reuniones presenciales y mensajes instantáneos. Lo que expresa y cómo se comunica con los empleados internos es generalmente diferente que cuando se comunica con alguien externo a la empresa.

Las comunicaciones externas generalmente se llevan a cabo con clientes y otros "empleados" que son externos a la empresa como proveedores o contratistas. Si bien las comunicaciones externas pueden incluir muchos de los mismos tipos de comunicaciones que las internas, hay algunas diferencias. El sitio web de su empresa, las redes sociales, el boletín de noticias por correo electrónico, la publicidad, etc. son formas diferentes de comunicarse externamente. Cuando sus empleados se comunican por teléfono, correo electrónico, texto o mensajería instantánea con sus clientes, se trata de una comunicación externa.

Aunque cada uno de estos tipos de comunicación es diferente, los principios elementales detrás de la comunicación eficaz pueden ser utilizados para ambas, tanto interna como externa.

Las Barreras que Impiden la Comunicación Eficaz en el Trabajo

Hay una amplia variedad de factores que pueden inhibir la comunicación eficaz en el lugar de trabajo: género, barreras culturales, tono y lenguaje corporal, su cerebro siendo regido por emociones, ruido externo, y mucho más (Zambas, 2019).

Primero, hablemos de género. Este es un factor muy grande y la gente podría no darse cuenta del todo que es una barrera para la comunicación eficaz, particularmente en el lugar de trabajo. En términos generales, cuando una mujer se encuentra con un problema, necesita hablarlo para ayudarle a procesar el problema y llegar a su propia solución. No es ella tratando de quejarse, sino más bien resolver el problema mientras habla en voz alta sobre él. Ella no está necesariamente buscando una solución al problema a través de una fuente externa, sino más bien usando lo que ya tiene para encontrar una solución. Los hombres generalmente piensan lógicamente y si necesitan resolver un problema a menudo se aíslan mientras procesan el problema en cuestión. Esto puede crear barreras de comunicación en el lugar de trabajo, simplemente debido a diferentes géneros conversando entre sí.

En su mayoría, los hombres son solucionadores de problemas. Si una mujer viene a ellos para discutir un problema, tenderá a buscar una solución y ofrecerla. Generalmente, si una mujer acude a otra para discutir un problema, puede hacerle preguntas abiertas a su colega que le ayudarán a encontrar la solución por su cuenta. Si una mujer necesita colaborar con un hombre en algo, debe darle instrucciones explícitas sobre lo que hay que hacer y lo que ella espera.

Los hombres y las mujeres también se comunican de manera diferente con su lenguaje corporal. Pueden hacer los mismos gestos, pero significarán dos cosas completamente diferentes. Un movimiento de cabeza, por ejemplo. Cuando una mujer asiente con la cabeza lo hace como una señal de que está escuchando; cuando un hombre lo hace, lo hace como una señal de acuerdo (Jenkins, 2018). Así que usted puede ver cómo algo tan simple como un movimiento de cabeza puede causar una mala comunicación entre colegas.

Las barreras culturales también pueden causar una falta de comunicación eficaz en el lugar de trabajo. Las barreras de comunicación cultural pueden estar presentes cuando se trabaja con colegas para los que el inglés es su segundo idioma o el uso de ciertos gestos (Gottfried, 2018); como estrechar la mano o inclinarse (Dabbah, 2018). Una cultura podría usar apretones de manos para saludarse unos a otros, otra cultura usará una inclinación, lo que puede causar rápidamente una comunicación errónea. Las comunicaciones erróneas culturales pueden ser internas o externas. Por ejemplo, si una empresa fabrica y vende productos o servicios orientados a una cultura específica pero no la entienden completamente, es posible que su mensaje no sea recibido según lo previsto.

El tono y el lenguaje corporal también pueden ser barreras muy grandes para una comunicación eficaz en el lugar de trabajo. Las palabras reales que dices en una conversación sólo representan alrededor del 7% de tu comunicación general. Esto deja mucho espacio para la mala comunicación del lenguaje corporal y el tono general. Tener los brazos cruzados mientras estás en una conversación con alguien muestra que estás siendo cerrado, mientras que tener los brazos relajados a tus lados (o hablar con las manos) muestra que estás abierto a la conversación y estás recibiendo la información. Si usted está sentado y hablando con alguien, inclinarse hacia ellos con su cuerpo y los pies frente a ellos muestra que está involucrado en la conversación. Si, por otro lado, usted está inclinado hacia atrás en su silla con el cuerpo girado o los pies mirando hacia la puerta, entonces esto muestra que no está involucrado en la conversación e incluso puede indicar que desea levantarse e irse.

El ruido interno y externo también pueden ser barreras muy grandes para una comunicación eficaz. El ruido externo puede incluir trabajar en una fábrica muy ruidosa; podría ser muy difícil hablar eficazmente con alguien y que puedan escuchar y entender completamente todo lo que está diciéndoles debido a los ruidos ambientales. El ruido interno podría ser tratar de escuchar en una reunión, pero en su lugar, estar pensando en la discusión que tuvo con su pareja anteriormente.

Hemos hablado previamente sobre la psicología de la comunicación eficaz en el lugar de trabajo y cómo su cerebro juega un papel en que tan bien que puede comunicarse con sus colegas. Si está experimentando algún tipo de estrés interno o externo, sus respuestas fisiológicas van a apropiarse de su cerebro y hacer que entre en modo de reacción de lucha, huida o parálisis.

La Importancia de una Mentalidad Positiva en el Trabajo

La importancia de la positividad en el lugar de trabajo no puede ser lo suficientemente subrayada. La positividad ha estado ligada a todos los aspectos del éxito dentro del lugar de trabajo, como la ganancia, la productividad y la satisfacción. Todos en el lugar de trabajo pueden beneficiarse de la positividad, tanto el empleador como los empleados.

Los empleadores buscan resultados y que los empleados puedan generar más ganancias. La positividad en el lugar de trabajo aumenta la productividad, aumentando así los beneficios globales. Algunas de las empresas más grandes y rentables del mundo han descubierto que si mantienen a sus empleados felices, comprometidos y positivos, sus resultados aumentan. Hay un razonamiento simple detrás de esta correlación. Empleados más felices se traduce en clientes más felices. Los clientes más felices tienden a comprar más y tienen una mayor lealtad a la empresa y se convierten en clientes frecuentes y recomiendan la empresa con amigos y familiares.

Un entorno positivo también conduce a una mayor retención de los buenos empleados de una empresa. La razón número uno por la que las personas dejan un puesto o un lugar de trabajo es que de alguna manera es negativo. Podría ser un ambiente de trabajo tóxico o cáustico, de alguna manera negativo. Realmente no importa el salario; si el entorno de trabajo es negativo, no querrán trabajar allí. La retención de empleados se ve muy afectada por lo positivo o negativo que es el entorno de trabajo.

Hay dos aspectos de la positividad en el lugar de trabajo; evaluación y creación. Si usted es un líder o gerente de algún tipo dentro de su lugar de trabajo, es probable que en algún momento tenga que evaluar el desempeño de sus empleados o equipo. Si bien podría ser fácil señalar los aspectos a mejorar, quizá generaría un tono negativo. Cuando los empleados sienten que nunca pueden complacer a su empleador, será un golpe a su moral. Solo beneficiará a su equipo si le proporciona una evaluación positiva. Hágales saber que están haciendo un buen trabajo del cual está orgulloso, así como de su compromiso con esa tarea. Por supuesto, hay algunos aspectos que podrían mejorar, pero ese no es el enfoque aquí. El enfoque del proceso de evaluación es proporcionar a sus empleados comentarios positivos. ¡Deja fuera el "pero!" No evalúe a sus empleados como, "Lo están haciendo bien, pero..." Esto sólo va a arruinar todas las cosas buenas que acaba de decir.

Si bien la evaluación positiva hará que su equipo se sienta muy bien consigo mismo, usted no se detendrá allí. Como gerente o líder, dé su evaluación, haga una pausa y deje que sus empleados se deleiten con la energía positiva que acaba de crear y, a continuación, siga adelante. Si bien su equipo podría estar bien, es probable que haya algún área de mejora en la que podrían centrarse. Cuando un equipo se centra en las cosas en las que no están sobresaliendo, crea ansiedad. Sin embargo, cuando imaginas que lo que tienes va a ser mejor de lo que ya es, crea mucha energía positiva y esperanza dentro del equipo. Hay un delicado equilibrio entre dar una evaluación positiva y avanzar para crear algo aún mejor. Cuando se esté comunicando con sus empleados, comience con una evaluación positiva, pase a la creación de algo mejor y siempre termine con una nota positiva de aliento.

¿De qué manera el tener un ambiente de trabajo positivo beneficia al empleado? A menos que esté completamente jubilado, usted es un empleado o un trabajador por cuenta propia (y podría emplear a otras personas). Si es un empleado, el beneficio más obvio de un ambiente de trabajo positivo es que usted, como empleado, llegue a ser feliz. Quiero decir, ¿cuál es realmente nuestro objetivo compartido más común en la vida? ¡Ser feliz! Cuando miras las metas de la gente, realmente no importa cuál sea: ser su propio jefe, ganar más dinero, viajar por el mundo. Todo esto conduce a la felicidad y la experiencia de la misma. Cuando estás en un ambiente de trabajo positivo, vas a ser más feliz.

Otros beneficios de la positividad en el lugar de trabajo para los empleados son el aumento de la satisfacción laboral, la retención de los empleados, la productividad, (que también puede conducir potencialmente a nuevas oportunidades) y aumentos en el salario o ingreso. Es posible que se sorprenda realmente al ver cómo un aumento en su propia positividad, como empleado, puede conducir a oportunidades dentro y fuera de la organización. Cuando los gerentes y directores de una organización siguen viendo positividad y altos niveles de producción de los empleados, quieren mantenerlos cerca y quieren recompensarlos. Incluso podría recibir oportunidades que ni siquiera se dio cuenta de que tenía a su alcance.

Verá, hay un pequeño secreto sobre la positividad que voy a compartir con usted. ¡Es contagiosa! Cuando es positivo dentro de un área de su vida, se trasladará a otras áreas, como a su vida amorosa, a su vida paternal, a su finanzas, etc.

El Poder Transformativo de la Buena Comunicación en el Trabajo

Existe un verdadero poder al aprender a comunicarse eficazmente en el lugar de trabajo. Una comunicación eficaz puede mitigar los conflictos, aumentar la participación de los empleados y crear mejores relaciones con los clientes, al mismo tiempo que resulta en una fuerza de trabajo más productiva y talentosa.

El conflicto dentro del lugar de trabajo proviene de malentendidos o sentimientos incomprendidos, la falta de comprensión para comunicarse con los demás de manera efectiva o cuando alguien siente que se le falta al respeto o sus necesidades emocionales no están siendo satisfechas. Cuando aprende e implementa estrategias de comunicación eficaz, se evitan malentendidos, es capaz de comunicarte eficazmente con los demás y sus colegas sentirán que son respetados y que sus necesidades emocionales están siendo satisfechas.

Los empleados se involucran más en el lugar de trabajo utilizando una buena comunicación a través de la conexión con las personas (Page, 2019). Cuando los empleados entienden lo que se les pide, son capaces de alinearse con los objetivos y metas de la empresa mientras establecen una buena comunicación con los miembros de su equipo. Hay varias áreas en las que la comunicación eficaz puede ayudar a mejorar la participación general de los empleados. Como empleador, le da las herramientas para entender completamente las metas y necesidades de sus empleados. Le proporciona la información necesaria para comprender los objetivos y necesidades de sus empleados. Le brinda una mejor conexión y comprensión con las habilidades y talentos de sus empleados que de otro modo no habría notado. También le dará la capacidad de fomentar esos talentos mientras es coherente con los objetivos y valores de la empresa. La comunicación eficaz también puede mejorar su conexión con compañeros de trabajo y colegas para crear un entorno de trabajo más satisfactorio y positivo, así como construir una mejor relación con jefes y gerentes dentro de la organización.

Tener una comunicación eficaz en el lugar de trabajo también crea una mejor relación con clientes y consumidores. Las relaciones con clientes y consumidores son el núcleo de todas las organizaciones. Los empleados orientados al cliente pueden hacer o quebrar una organización y ser la diferencia entre un cliente satisfecho o descontento. Cuando los empleados entienden cómo comunicarse eficazmente con los clientes, les ayuda a entender las necesidades del cliente y ayudarlo a sentirse comprendido. También permite al personal resolver y mitigar cualquier conflicto que pueda tener el cliente. Una comunicación eficaz también puede ayudarle al empleado a presentar información al cliente de una nueva manera que ayudará este último a ser más receptivo.

Además, el lugar de trabajo será más productivo y aumentará su talento cuando tenga estrategias de comunicación eficaz. Cuando los empleados se comprometen con el trabajo son más productivos. Cuando los empleados son productivos y están comprometidos, le ayuda al equipo líder a entender los talentos y habilidades de sus empleados. Los empleados también se vuelven más comprometidos con su lugar de trabajo y las organizaciones pueden esperar un mayor nivel de entrada de sus empleados. Los lugares de trabajo que se centran en la comunicación eficaz ayudan a fomentar la innovación y el pensamiento creativo a medida que los empleados se sienten seguros de expresar sus ideas a sus superiores. Esto también ayuda a los empleados a tomar posesión de sus proyectos y desafíos, a la vez que fomenta una lluvia de ideas creativa. Los líderes entonces notarán y utilizarán estos nuevos procesos creativos de lluvia de ideas y la innovación para construir equipos más estratégicos basados en las fortalezas de los empleados.

Al solicitar empleo, las habilidades de comunicación eficaz pueden ayudar a diferenciar a las personas de otros solicitantes. La comunicación ineficaz en el lugar de trabajo en última instancia conducirá a empleados desmotivados a cuestionar su capacidad y confianza dentro de la organización. Cuando hay una comunicación consistente y eficaz en el lugar de trabajo, la empresa está equipada para el crecimiento. Hacer crecer una empresa requiere comunicación interna y externa. La empresa debe asegurarse de que están entregando un mensaje coherente externamente a sus clientes y consumidores.

Hay varias maneras de mejorar la comunicación dentro de su organización para asegurarse de que los empleados y la organización están alcanzando todo su potencial. Debe establecer metas y expectativas definidas más claras. El equipo de liderazgo debe asegurarse de que los objetivos y expectativas para sus empleados sean claras y alcanzables. También deben asegurarse de que todos sus empleados conozcan y comprendan los objetivos del proyecto, así como el departamento y la organización en su conjunto. Cualquiera que sea el mensaje que se está entregando, debe ser claro y su audiencia prevista debe ser fácilmente capaz de entenderlo. Al hablar con su audiencia objetivo, siempre debe recordar hablar cortés y claramente para que su mensaje se entregue sin ofensa o confusión.

También debe considerar qué medio está eligiendo para entregar su mensaje. Si bien, con frecuencia se prefiere la comunicación cara a cara, no siempre es posible. Esto puede ser particularmente cierto para los equipos virtuales.

Cuando tenga que enviar un mensaje impreso o virtual, léalo en voz alta para asegurarse de que se presenta como lo está intentando. En un entorno profesional, debe evitar el uso de *emojis* o texto demasiado expresivo y escribir en una fuente y tono neutrales.

Lo mejor es mantener a todos involucrados en el proceso y los proyectos mediante el uso de actualizaciones frecuentes e informes de progreso. Esto, de nuevo, es especialmente importante cuando se trabaja con un equipo remoto. Mantener a todos involucrados y las líneas de comunicación abiertas ayudará a garantizar que todos estén en la misma página, reduciendo al mismo tiempo las posibilidades de que se produzcan comunicaciones erróneas. Escuchar es tan importante (si no es que más importante) en el lugar de trabajo como hablar. Cuando estés en una conversación con alguien, comprométete a escuchar y muestra empatía. Comunicarse con alguien es un camino de dos vías. La empresa y el empleado prosperarán cuando se fomente el diálogo y se muestre respeto.

Mientras que una buena comunicación puede ser fácil e incluso natural para algunos, puede ser difícil para otros expresar con precisión cómo se sienten o el mensaje que están tratando de transmitir. La falta de comunicación eficaz puede dar lugar a conflictos y errores fundamentales que, en última instancia, podrían evitarse si quienes se comunican solo entendieran el mensaje. Del mismo modo que puede experimentar comunicaciones erróneas fuera del trabajo, pueden ocurrir con la misma facilidad dentro este. Se ha demostrado que el 70% de los errores en las empresas se deben a la falta de comunicación eficaz (Allan, 2019).

La eficiencia también aumenta en el lugar de trabajo cuando los empleados practican una buena comunicación. Cuando se produce una mala comunicación, la eficiencia se ve comprometida además de la calidad del trabajo. Por otro lado, cuando las instrucciones son claras y concisas, se elimina cualquier necesidad de aclarar o corregir cualquier problema que surja. Si usted resulta ser un comunicador eficaz, pero los que le rodean no lo son, asegúrese de que está haciendo las preguntas correctas para obtener las respuestas y aclaraciones que necesita para proceder sin confusión.

Cuando hay una buena comunicación en el lugar de trabajo, la lealtad de los empleados aumenta. Los empleados se sienten cómodos discutiendo los problemas que podrían surgir y se sienten libres de expresar sus ideas con sus superiores.

Esto ayuda a generar confianza y lealtad entre los miembros del equipo y el equipo administrativo. Esto también elimina la necesidad de gestionar a los empleados, e implementar una microgestión que les da más autonomía dentro de sus funciones.

Resumen del Capítulo

La tecnología puede inhibir en gran medida la comunicación eficaz dentro del lugar de trabajo. Enviamos correos electrónicos rápidos y notas pensando que nuestro mensaje llegará íntegro o será eficazmente comunicado, pero esto no siempre es cierto. La tecnología por sí sola no puede expresar cómo nos sentimos y carece de señales no verbales, lo que puede conducir a malentendidos y malas interpretaciones del mensaje que estaba tratando de enviar.

Antes de que pueda comunicarse eficazmente en el lugar de trabajo, primero debe identificar y ser capaz de superar cualquier barrera potencial. Esto puede incluir sesgos de género, estereotipos y barreras culturales para comunicarse eficazmente con sus colegas y/o empleados. Estas son algunas de las barreras más comunes a la comunicación en el lugar de trabajo:

- Diferencias de género

- Desatención al escuchar

- Una mala comunicación a través del lenguaje corporal

- No comprender el mensaje completo o sacar conclusiones precipitadas

- Reacciones inapropiadas verbales y no verbales

- Una perspectiva negativa

Debe entender que cuando se trata de estrés en el lugar de trabajo o en cualquier otra área de la vida, nuestros cerebros no pueden percibir si una amenaza es real o percibida. Por lo tanto, su cerebro no es capaz de determinar si el estrés que está experimentando es real o no.

Hay muchas razones por las que necesita una comunicación eficaz en el lugar de trabajo, como aumentar los beneficios finales y proporcionar transparencia dentro de la organización. Puede asegurarse de que está promoviendo una comunicación eficaz en el lugar de trabajo tanto interna como externamente a través del reconocimiento y la eliminación de las barreras de género y culturales, siendo consciente de la comunicación verbal y no verbal y minimizando el ruido.

La comunicación positiva en el lugar de trabajo también es muy importante. Cuanto más positivo sea el empleado, más productivo será, lo que conduce a mayores beneficios. Los líderes siempre deben asegurarse de que están proporcionando a su fuerza de trabajo con retroalimentación positiva.

Existe un verdadero poder al dominar la comunicación eficaz en el lugar de trabajo. Ayuda a detener conflictos, aumentar la participación de los empleados, construir y mantener relaciones más saludables con los clientes, resultando en una fuerza de trabajo más feliz y productiva.

En el siguiente capítulo, aprenderá cómo desarrollar habilidades de comunicación eficaz y persuasiva en el trabajo.

Capítulo Dos:
Cómo Desarrollar Habilidades de Comunicación Eficaz y Persuasiva en el Trabajo

Ahora que hemos descrito por qué debe aprender a comunicarse eficazmente en el lugar de trabajo, es el momento de describir exactamente cómo hacer. Esto incluye todo, desde la comunicación verbal y no verbal, incluyendo el lenguaje corporal y ser consciente de sus expresiones faciales. Ahora es el momento de convertirse en un mejor oyente en el trabajo y aprender a explicar lo que está tratando de comunicar a sus colegas. Como miembro del equipo en su lugar de trabajo, necesita aprender a convertirse en un comunicador inclusivo y ser capaz de comunicarse con personas de todos los orígenes y de todos los diferentes niveles de gestión.

También es beneficioso aprender técnicas persuasivas con el fin de persuadir a los miembros del equipo y sus superiores con sus puntos de vista. Estas técnicas se pueden utilizar si usted ha encontrado una mejor, más eficiente manera de hacer las cosas, pero otros todavía están estancados en la mentalidad de "siempre lo hemos hecho de esta manera". Si usted es un líder o miembro administrativo en su lugar de trabajo o es un empleado de "bajo nivel", debe estar equipado con las habilidades para dar y recibir críticas y ser capaz de compartir opiniones significativas de una manera positiva y con tacto.

Su comunicación escrita también puede tener un gran efecto en lo bien que se comunica con sus compañeros de trabajo. Cuando habla con alguien sobre un problema o un proyecto, ¿está haciendo las preguntas correctas para llegar al fondo de las cosas o aclarar su papel? En este capítulo, vamos a cubrir qué tipo de preguntas hacer para obtener la información que desea, así como los secretos para ser un comunicador proactivo, y cómo informar profesionalmente.

Enviar Mensajes: Habilidades de Comunicación Verbales y No Verbales

Hay dos tipos principales de comunicación que los seres humanos utilizan; verbal y no verbal. Cada una envía mensajes a un interesado (S. 2019). La comunicación verbal incluye tanto la escritura como el habla. Son las palabras que dices y las palabras que escribes. La comunicación no verbal incluye todo lo demás y representa alrededor del 90% de su comunicación general. La comunicación no verbal incluye lenguaje corporal, expresiones faciales e incluso lenguaje de señas (Frost, 2016). Las posibilidades de una comunicación errónea son mucho mayores con el lenguaje no verbal que con el lenguaje verbal.

La comunicación verbal, que es lo que está experimentando actualmente leyendo este libro, es la forma más eficaz de comunicación y se puede utilizar para transmitir información y/o retroalimentación de forma rápida y sencilla. La comunicación puede ser oral, como una conversación frente a frente, llamadas telefónicas, conferencias, videos y seminarios o escrita, que incluye correo electrónico, mensajes de texto, cartas escritas a mano o mecanografiadas, etc.

Dentro de los ámbitos de la comunicación verbal, también existe la formal e informal. Es probable que la mayor parte de la comunicación que usted hace mientras está en el trabajo, sea formal. La comunicación formal sigue un canal predefinido para que el emisor pueda llevar la información al receptor. Lo opuesto sucede en la comunicación informal: el emisor y el receptor no siguen ningún tipo de esquema predeterminado. Una nota de trabajo se consideraría una comunicación formal, mientras que un ejemplo informal podría ser un texto rápido para sus compañeros de trabajo.

La comunicación no verbal es completamente diferente. Hay muchos, muchos tipos diferentes de comunicación no verbal. Existe la "cronomía", que es la puntualidad y la velocidad a la que la persona está hablando. ¿Alguna vez conociste a alguien que hablara muy rápido de algo? ¿Cuál fue tu impresión? Lo más probable es que pensaras que esa persona estaba entusiasmada con lo que estaba hablando. Aunque hay muchos otros factores que entran en juego. Como los vocales; este es el volumen, la inflexión y el nivel de tono de la voz de alguien. Si alguien está hablando muy alto, podría estar molesto o simplemente estar tratando de hablar por encima de otro ruido ambiental.

Luego pasamos a los tipos externos de comunicación no verbal. La háptica es el uso del tacto cuando alguien se está comunicando, como una manera de expresar sus emociones y sentimientos. Esto sería algo así como frotar el brazo de alguien mientras verbalmente trata de consolarlo. La cinésica es el lenguaje corporal, los gestos, la postura y las expresiones faciales que una persona utiliza mientras se comunica (más tarde ahondaremos en ello). La distancia a la que alguien se coloca cuando se comunica con los demás se conoce como proxémica. Esto generalmente incluye diferentes cantidades de espacio para relaciones íntimas, personales, sociales y públicas. Las personas también pueden comunicarse no verbalmente a través de sus artefactos; esto incluye la forma en que se visten, sus accesorios o estilo de vida. Es probable que te comuniques con alguien de manera diferente (especialmente con tu lenguaje no verbal) si lleva un traje que si lleva ropa de gimnasio.

Cómo Usar y Comprender el Lenguaje Corporal

Tu lenguaje corporal dice mucho sobre quién eres y envía muchas señales a tus compañeros de trabajo. Todos hacemos todo lo posible para dar una buena impresión en aquellos con los que trabajamos eligiendo cuidadosamente nuestras palabras, pero es posible que no se dé cuenta la importante participación que contribuye su lenguaje corporal en su comunicación. Sin siquiera darse cuenta, es posible que esté estropeando sus mejores esfuerzos con sus colegas y clientes con su comunicación a través de su lenguaje corporal. Puede utilizar el lenguaje corporal en el lugar de trabajo para mejorar su comunicación y ayudar a dar una impresión positiva. El uso del lenguaje corporal puede ser intencional o completamente inconsciente. Su lenguaje corporal tiene una influencia muy fuerte en cómo lo perciben otras personas. Algunos ejemplos de lenguaje corporal deficiente incluyen poner los ojos en blanco, encorvarse o cruzar los brazos. Cuando se da cuenta de cómo su lenguaje corporal es recibido y percibido por otros esto puede ayudarle a comunicarte más eficazmente.

Un uso muy eficaz del lenguaje corporal en el lugar de trabajo es mantener el contacto visual mientras habla con alguien. Cuando mantiene contacto visual mientras habla con alguien o le están hablando, retrata que está mostrando interés, prestando atención, que se sientes seguro y se está comunicando honestamente. Si usted está hablando con alguien y no mantiene contacto visual con ellos, quizá sientan que está siendo deshonesto. Si alguien le está hablando y evita su mirada, es posible que sientan que no le está prestando atención. La postura también es una herramienta de lenguaje corporal muy útil. Cuando se agache o desplome en su silla, otros pensarán que no está interesado en lo que está pasando. Cuando mantiene una postura erguida, muestra su atención y compromiso en la conversación o comunicación. Si usted está sentado y hablando con alguien debe inclinarse hacia ellos un poco en lugar de inclinarse hacia atrás en su silla. Esta es otra manera de mostrar compromiso y que está prestando atención a lo que están diciendo.

Es importante ser consciente de su propio lenguaje corporal, pero también el lenguaje corporal de los demás a su alrededor. Cuando esté hablando con una persona o escuchándola, sea consciente de su lenguaje corporal y cómo se mueven cuando están hablando. El lenguaje corporal de otras personas puede ayudarle a determinar el tipo de mensaje que están tratando de entregar. ¿Les falta confianza? Si a un empleado le falta confianza en un área en particular, tal vez podría usar capacitación o apoyo adicional para ayudarlo a prosperar. Si usted siente que fallan en ciertas áreas, trate de decirlo con delicadeza, sin hacer que se sientan incómodos. Diciendo algo tan simple como: *"Oye [nombre], ¿recuerdas cuando hablamos de [tema]?, tuve la sensación de que te falta seguridad en [tarea], ¿cómo puedo ayudarte a tener más seguridad en esa área?"* Decirlo de esta manera le permite a su colega saber que usted no está tratando de ser grosero, sino que intenta ayudarles a alcanzar todo su potencial.

También puede utilizar la habilidad de leer el lenguaje corporal de las personas cuando está dando una presentación o conferencia. Ser capaz de medir eficazmente el lenguaje corporal de su audiencia le ayudará a determinar cómo se recibe su mensaje. Debería ser capaz de identificar fácilmente lo comprometida que está su audiencia por su contacto visual, postura y otros movimientos del cuerpo. Si su audiencia carece de contacto visual, tiende a estar inquieta mucho con bolígrafos o teléfonos y se está agachando e inclinándose hacia atrás en sus lugares, es probable que estén desconectados con el mensaje que está tratando de enviar.

Si un empleado no está de acuerdo con el mensaje del orador, también usará su lenguaje corporal para indicarlo. Cuando las personas se sienten amenazadas o inseguras de alguna manera (esto puede incluso ser un simple desacuerdo en un mensaje que están recibiendo) se cerrarán. Su lenguaje corporal puede incluir apartar los pies o todo el cuerpo de usted, cruzar los brazos o inclinarse hacia atrás en sus asientos.

Preste mucha atención, si ve que esto sucede, intente abrir la discusión para ver si puedes averiguar en qué no está de acuerdo su audiencia con usted. Pídales soluciones a estos problemas.

Mientras que, con un poco de práctica, usted puede entender el lenguaje corporal de sus colegas y ser capaz de reconocer cómo se sienten, malinterpretar el lenguaje corporal puede tener un efecto drásticamente diferente. Cuando el lenguaje corporal se malinterpreta, puede conducir a fricciones, conflictos y malentendidos de todo tipo. La probabilidad de malentendidos en la comunicación sólo aumenta a medida que el lugar de trabajo se vuelve más diverso y las diferencias culturales podrían entrar en juego. Si usted se está comunicando con alguien en su lugar de trabajo y parece estar mostrando lenguaje corporal negativo, eso podría significar que están frustrados, aburridos o siendo deshonestos. Debe responder antes de reaccionar. Reaccionar al lenguaje corporal sólo conducirá a más fricciones y conflictos. Haga todo lo posible para investigar un poco más el lenguaje corporal y los sentimientos de esa persona. Cuestione a su colega para obtener información adicional que podría aclarar su lenguaje corporal y el cómo se siente. Hay una ventaja en todo esto, cuanto más tiempo trabaje con alguien, más conocerá su lenguaje corporal y será capaz de leerlo más fácilmente con el tiempo.

A continuación hay una lista de los errores del lenguaje corporal que se hacen en el trabajo y que pasan inadvertidos:

- Tener mala postura o agacharse.

- Inquietud.

- Tener una expresión tensa en el rostro.

- Ser demasiado casual.

- No hacer contacto visual o mirar hacia abajo.

- Cruzar los brazos.

- Acercarse demasiado a la gente.

Toma algún tiempo tomar conciencia de su lenguaje corporal, cómo afecta a otras personas y ser capaz de entender el lenguaje corporal de otros. Al igual que con cualquier otra habilidad, cuanto más lo practique, mejorará en él. Así que cuando este en conversación con alguien, preste atención a cómo usan su cuerpo y cómo están respondiendo al lenguaje corporal de usted.

Cómo Tomar Conciencia de sus Expresiones Faciales

Las expresiones faciales también importan en el lenguaje corporal y en cómo la gente le percibe. Su expresión facial es su primera impresión cuando conoce a otros; esto incluye clientes, colegas y consumidores. Las expresiones que hace con su rostro se utilizan intrínsecamente para dar señales sociales y darle a los que le rodean pistas sobre cómo se siente. Su expresión facial puede afectar la dirección de la conversación o interacción social (Russell, 2015). Incluso si no quiere, sus expresiones faciales pueden exponer sus sentimientos y esto puede llevar a que las personas le perciban de cierta manera en el lugar de trabajo. Estas son tres situaciones en las que sus expresiones faciales muestran más de lo que quiere.

Cuando saluda a alguien en el trabajo que no le agrada. Cuando no le agrada alguien y está en su presencia, a menudo puede expresar esto a través de fruncir el ceño de su cara. Esto puede ser perjudicial para sus relaciones de trabajo, ya que le demuestra a esa persona y las demás a su alrededor que no le agrada ese individuo. Cuando saluda a alguien que no le agrada, tratar de saludarlo con una leve sonrisa siempre dejará una mejor impresión que un ceño fruncido.

Las circunstancias imprevistas en su carga de trabajo también pueden mostrarse en sus expresiones faciales. Esto puede suceder cuando se obtiene un aumento de la carga de trabajo; su expresión facial podría indicar que siente que no puede manejarla, frunciendo la frente o con una mueca en la cara. Asegúrese de que tus expresiones faciales no le indiquen a sus otros colegas que se siente incapaz de realizar el trabajo duro que se le pide hacer.

Generalmente, sonreímos al ser felices, y a menudo cuando recibimos un cumplido, sin embargo, esta expresión facial es interpretada diferente cuando está en el lugar de trabajo. Una sonrisa cuando recibe un cumplido puede hacerte ver como un engreído, ¡y no quiere eso! Cuando reciba un cumplido por algo que haya hecho bien, simplemente diga *"gracias"*, haga un asentimiento cortés y da una ligera sonrisa para reconocer el comentario positivo que recibió. No querrá parecer que tiene un gran ego dando una gran sonrisa y mostrando todos sus dientes; regodearse en el lugar de trabajo no es adecuado.

Esto no quiere decir que deba tratar de evitar mostrar expresiones faciales en el trabajo, simplemente significa que debe ser consciente de la expresión facial que está mostrando y cómo puede ser percibida por los que le rodean.

Las Claves para Convertirse en un Mejor Oyente en el Trabajo

Ser un buen oyente en el trabajo puede ser difícil a veces, especialmente si hay mucho ruido ambiental. Hay algunas cosas clave que puede hacer para practicar mejores habilidades de escucha en el trabajo. Lo más fácil quedarse en silencio y dejar que la otra persona hable sin tratar de pensar en lo que va a decirles de inmediato. En segundo lugar, si usted está participando en una conversación bidireccional, repita a esa persona lo que le oyó decir. *"Entonces, lo que te escuche decir es [esto], ¿lo entendí bien?"* Esto no sólo le confirma al emisor del mensaje que usted está prestando atención y realmente escuchándolos, también ayuda a eliminar cualquier malentendido.

Muchas personas no son muy buenos oyentes. Con demasiada frecuencia la gente puede escuchar lo que alguien está diciendo, pero no están oyendo realmente; si es padre, lo sabe bien. La gente también escucha para ver cuándo puede empezar a hablar. Puedes aprender mucho de una persona con solo escucharla y dejarla hablar. Tenga esto en cuenta; tenemos una boca y dos orejas, por lo tanto debemos escuchar el doble de lo que hablamos.

Convertirse en un mejor oyente puede ayudarle a profundizar su relación con la persona con la que se está comunicando (Edberg, 2019). Esto funciona tanto en el lugar de trabajo como en su vida personal. Las personas a menudo tienen dificultades para escuchar porque sienten que no obtienen personalmente nada de ello. Cuando realmente se escucha a alguien, es probable que ellos también lo escuchen mejor. La intención principal de escuchar es entender lo que una persona está tratando de comunicar.

Escuchar a alguien hablar es como un juego de memoria. Cuando esté tratando de recordar lo que alguien está diciendo, intente procesar la información como si tuviera que decírselo a otra persona después. Incluso si en realidad no tiene que repetir la información, esto puede ser muy útil para recordar detalles de la conversación. Esto le ayudará a estar más alerta e incluso a hacer más preguntas para ayudarle a entender lo que la persona está tratando de comunicar. Esto también debería ayudarle a centrarse más en lo que la persona está diciendo y a dejar de pensar tanto en lo que va a decir a continuación.

¿Sabía que sus ojos pueden ayudarle a ser un mejor oyente? Mantener el contacto visual durante una conversación puede ayudarle a enfocarse en lo que la otra persona está diciendo, ayudándole así a retener más información. Si tiene problemas o se siente raro por mirar a alguien a los ojos, mira directamente al centro de su nariz, nunca sabrán la diferencia.

Reduzca las distracciones tecnológicas. ¡Esto es IMPORTANTE! Es muy difícil ser capaz de escuchar eficazmente a alguien cuando se está mirando el teléfono o la computadora. Esto puede llevar a malentendidos de lo que la otra persona está diciendo o perdiendo por completo el punto de la conversación. Cuando usted está en su teléfono o computadora también genera que la otra persona sienta que no está siendo escuchado.

Puedes hacerle saber a la otra persona que estás escuchando resumiendo lo que dijeron. Cuando es capaz de resumir lo que se dijo les permite saber que usted estaba escuchando y que ha entendido lo dicho. Esto también ayuda a aclarar cualquier posible malentendido que podría ocurrir de otro modo.

Si bien sería genial poder leer la mente de la gente para mitigar cualquier malentendido, no es posible. Sin embargo, puede hacer preguntas para aclarar lo que se está diciendo. Trate de atenerse a preguntas abiertas para obtener una mejor comprensión de lo que están tratando de comunicar con usted. Hacer preguntas abiertas también les anima a abrirse y explorar lo que están diciendo y profundizar más en la conversación.

También puede ser un mejor oyente cuando está preparado para escuchar. Si sabe que va a una larga reunión que potencialmente podría causarle sueño, asegúrese de estar mental y físicamente preparado para escuchar. Es bastante difícil escuchar, y mucho más entender el mensaje que alguien está tratando de transmitir cuando te estás quedando dormido o sintiéndote somnoliento. Con el fin de conseguir que su mente trabaje y se prepare para una ingesta de información, ¡tome un poco de aire fresco! Puede hacer esto abriendo una ventana en su oficina (si tiene alguna) o dando un paseo al aire libre. También puede hacer un poco de ejercicio para que la sangre fluya hacia su cerebro.

Cuando escucha, sólo necesita escuchar. No piense en añadir sus comentarios, interrumpir al remitente o dar soluciones o conclusiones precipitadas. Sólo trate de estar presente en el momento y escuchar completamente para entender lo que el emisor está diciendo. A veces, cuando las personas están hablando, todo lo que realmente necesitan es alguien que los escuche para que puedan desahogar o resolver sus propios problemas.

Si por cualquier razón no es capaz de darle a alguien toda su atención y escucharlo, sea honesto al respecto. Hágales saber que usted está demasiado cansado, ocupado o distraído en ese momento para mantener una conversación valiosa y pregunte si es posible continuar más tarde. Establezca el tiempo que considere necesario para que ambos puedan tener una conversación con una interferencia de ruido mínima.

Cómo Convertirse en un Mejor Comunicador en el Trabajo a través de una Mejor Explicación.

No puede hacer que todos sean comunicadores más eficaces. Sin embargo, puede hacer lo mejor para asegurarse de que está explicando las cosas lo mejor posible. Hablamos antes un poco sobre cómo su lenguaje corporal tiene un efecto muy grande en cómo sus colegas lo perciben en el trabajo. El lenguaje corporal es un área en la que puede enfocarse para ayudarle a explicar mejor el mensaje que está tratando de transmitir. Asegúrese de que las palabras que está diciendo y el mensaje que su lenguaje corporal y su tono de voz están dando, sean todos coherentes. Decir que está emocionado de comenzar con un nuevo proyecto mientras tiene un tono sombrío y un ceño fruncido envía mensajes contradictorios.

Hacer preguntas en una conversación va en ambos sentidos. Cuando hable con alguien o con una audiencia, pregúnteles periódicamente si entienden o si algo necesita más explicación. Verificar con las personas para asegurarse de que están entendiendo lo que está comunicando también le ayudará a mejorar sus habilidades de explicación.

Entornos de Trabajo Diversificados: Cómo Convertirse en un Comunicador más Inclusivo.

En primer lugar, me gustaría abordar qué es la comunicación inclusiva realmente. Es desafortunado que esto siga sucediendo, pero la discriminación en el lugar de trabajo sigue siendo muy frecuente hoy en día, particularmente entre hombres y mujeres. A pesar de que las mujeres conforman alrededor del 50% de la fuerza laboral, hay menos del 15% que ostentan cargos ejecutivos (Warner, 2019). Si bien ya debe ser consciente de que los hombres y las mujeres se comunican de manera diferente, la discriminación que ocurre a menudo es inconsciente, ya que se refuerza inadvertidamente en las conversaciones diarias. La comunicación inclusiva es un estilo de comunicación que trasciende los sesgos de género y culturales para que cada parte entienda y sea entendida.

En términos generales, las mujeres son mejores para crear una sensación de conexión personal con el lugar de trabajo. Los lugares de trabajo con demasiada frecuencia pueden ser lentos y mecánicos. Las personas realizan sus tareas mejor cuando se sienten apreciadas y escuchadas por sus superiores. Los líderes dentro de la organización, ya sean hombres o mujeres, no deben tener miedo de la vulnerabilidad, la atención o la autenticidad.

La definición moderna de género es drásticamente diferente a la arcaica que la mayoría de la gente entiende. Como empleados o empleadores, todos necesitamos superar esa visión anticuada de lo que es el género binario e incluir una gama más amplia de identidades y géneros dentro del lugar de trabajo. Podemos trabajar para superar las brechas de género y los sesgos inconscientes a través del reconocimiento y la admisión de cómo estos sesgos han influido en nuestros comportamientos, pensamientos y sentimientos.

También debe ajustar sus estilos de habla y escucha para que sean menos definitivos. Si bien las personas pueden ser capaces de expresar fácilmente hechos e ideas, pueden encontrar más difícil expresar sus sentimientos o valores. Cuando esté en conversación, reconozca el hecho o la idea y escuche los sentimientos y valores que hay detrás. Parafrasee lo que su colega le dijo y trate de entender el verdadero significado que hay detrás.

Además de ser capaz de reconocer sus propios sesgos de género, también debería ser capaz de identificar y consentir diferentes estilos de comunicación. Esto es especialmente crucial para los líderes dentro de la organización, independientemente de su identificación de género. Los líderes deben trabajar para mantener un estilo de comunicación abierto y que permita perspectivas únicas.

Para convertirse en un comunicador inclusivo y eficaz, necesita ser capaz de dejar de hablar y comprometerse genuinamente con las personas con las que se está comunicando. En términos generales, en el trabajo, los hombres hablan libremente y no esperan una invitación para hablar, mientras que las mujeres generalmente esperan una solicitud de su opinión. Los líderes masculinos podrían entonces beneficiarse de la pausa antes de hablar y hacer un intento de llegar a sus contrapartes femeninas pidiendo sus comentarios, opiniones e ideas. Esto resultará en un entorno de trabajo más productivo y diverso. Además, los líderes masculinos necesitan trabajar para construir relaciones sólidas con cada miembro de su equipo.

Como empleado o líder, debe superar cualquier noción preconcebida y respuestas estereotipadas que tenga internamente y trabajar para eliminar sus creencias limitantes. Haga todo lo posible para estar abierto con la persona con la que está teniendo una conversación, tanto interna como externamente. Concéntrese en construir relaciones y comprender las necesidades de los demás y generar confianza dentro de su equipo.

Cómo Conseguir que las Personas Estén de Acuerdo con Usted: Establecer un Mensaje Eficaz y Persuasivo

Todos los días en su lugar de trabajo establece mensajes, de una forma u otra. A veces, estos mensajes están destinados a transmitir información importante, mientras que otras veces estos mensajes están destinados a inclinar a sus colegas en cierta dirección u otra sobre una decisión o un tema. Es posible que necesite usar persuasión en el lugar de trabajo para hacer que sus empleados hagan algo por usted, o para que su jefe haga algo por usted o incluso que sus colegas le ayuden a hacer algo. De cualquier manera, tener una comprensión de cómo persuadirlos puede ser una habilidad muy beneficiosa para perfeccionar. Hay muchas cosas que puede hacer para persuadir a alguien en una discusión o para que lo ayude con algo.

La persuasión se trata de la influencia. Cuanta más influencia tengas sobre alguien o un grupo de personas, más poder tendrás para persuadirlos. Hay muchas técnicas comunes que ayudan a influir en las personas ya sea a propósito o inadvertidamente, aquí hay seis de las más comunes (Dean, 2010):

- Simpatía

- Aprobación social

- Consistencia

- Escasez

- Autoridad

- Reciprocidad

La simpatía es sólo eso: cuanto más le gustes a alguien, más influencia tienes sobre ellos. Los influyentes pueden crear con éxito una mayor simpatía mediante el uso de la adulación y resaltar las similitudes con aquellos que están influyendo para crear y aumentar la atracción. La aprobación social es como un efecto de avalancha: cuantos más seguidores tenga alguien, más personas lo seguirán. Puedes mantener más influencia sobre alguien si haces lo que dices que vas a hacer y sigues siendo consistente en tus palabras y acciones. La escasez tiene mucho que ver con el consumismo y la creación de un miedo por perderse algo, pero esto también se puede aplicar en el lugar de trabajo para persuadir e influir en los colegas.

Tal vez si sus colegas ven su tiempo como escaso, lo apoyarán más.

La autoridad es una gran influencia y a menudo se utiliza para persuadir a la gente. Las personas también son influenciadas por expertos. Cuando los expertos hacen alarde de sus conocimientos, las personas se dan cuenta y son influenciadas por esos expertos. La reciprocidad es una técnica de influencia que puede ser fácilmente mal utilizada y abusada. Cuando alguien te debe algo es más probable que sea influenciado y persuadido por ti. Sin embargo, no debe ir por ahí haciendo que la gente se endeude con usted para su propio beneficio personal.

La persuasión de su argumento no depende sólo de usted, sino también depende de su audiencia (Dean, 2019). Su argumento o punto será más persuasivo si es personalmente relevante para su audiencia. Si su audiencia no encuentra relevancia en el mensaje, van a dejar de escucharle y no importa lo que diga, no va a ser persuasivo.

Al persuadir a alguien, a menudo necesita entablar varios alegatos fuertes para transmitir su mensaje. En términos generales, cuantos más fuertes sean los alegatos que tenga con ellos, más persuasivo será. Mientras trata de persuadir a alguien sobre un tema, es más beneficioso mantener sus alegatos equilibrados en lugar de unilaterales. Presente un debate equitativo, pero asegúrese de mitigar el contraargumento para asegurarse de que su parte del argumento sea la más atractiva.

Hay tres objetivos principales que debe perseguir cuando se trata de persuadir a alguien; afiliación, precisión y autopercepción positiva. Como seres humanos somos seres sociales, y como tal, todos queremos ser queridos por nuestros pares. La simpatía y la reciprocidad son parte del objetivo de afiliación. Cuando alguien es percibido como agradable y recíproco, envía al mundo un mensaje sobre su sociabilidad. Está en nuestra naturaleza unirnos y seguir a los influyentes, lo que satisface nuestro objetivo de afiliación.

La precisión se trata de hacer las cosas bien. Aquellos que no se preocupan por cómo hacer las cosas correctamente no llegan muy lejos en la vida o el trabajo. La gente siempre quiere buscar la respuesta correcta, que es donde el influyente entra en juego. Los influyentes entienden nuestra necesidad de tener razón y son capaces de ofrecer su experiencia o autoridad que satisface nuestra necesidad de precisión. El objetivo de la precisión se une a las técnicas de aprobación social y escasez ya que expertos e influyentes son más propensos a tener razón y no queremos perdernos nada.

El último objetivo de la persuasión es una autopercepción positiva. La gente tiene todo tipo de mecanismos de autoprotección. Las personas tardan mucho tiempo en descubrir su lugar en el mundo y no quieren perderlo. Cuando tenemos una cierta visión del mundo, hacemos todo lo posible para mantener esa visión intacta. Queremos creer que las cosas en las que creemos son, a nuestros ojos, buenas de alguna manera y ayudan a mantener nuestra autoestima. Aquí es donde los influyentes pueden poco a poco empezar a persuadir. Comienza con una pequeña solicitud y, después, se vuelven solicitudes más grandes y más grandes. Puede ser realmente increíble la distancia que algunos recorrerían por mantener esa visión positiva de sí mismos.

Cuando usted está tratando de persuadir a la gente debe asegurarse de que su mensaje coincide con su medio. ¿Lo que está tratando para persuadir a la gente es recibido mejor en formato escrito o hablado? ¿Debería hablar con ellos cara a cara o debería hacer un video? Un punto muy importante es evitar decirles que vas a tratar de persuadirlos. Hacer esto sólo preparará a su audiencia para empezar a preparar sus contraargumentos cuando deberían estar escuchándote.

Para ser persuasivo, primero debe estar familiarizado con su audiencia. Si ya están un poco de acuerdo con usted, entonces hablar lentamente está bien. Sin embargo, si aún no están de acuerdo con usted, entonces los hablantes rápidos pueden ser más persuasivos. La repetición también es beneficiosa para persuadir a alguien con su punto de vista. Repetir una declaración le da la ilusión de veracidad que luego puede conducir a la realidad de persuasión.

Además, también tiene que asegurarse de que su audiencia esté lista cuando esté tratando de persuadirlos. Esto incluye tener su atención y mínimas distracciones siempre que sea posible. Si su audiencia está distraída o no presta atención, es posible que no piense en su mensaje o argumento, lo que hace que sea muy difícil persuadir a alguien. En realidad se ha demostrado que cuando las personas están consumiendo cafeína, son más fácilmente persuadidos ya que están más alerta. Si usted está tratando de persuadir a su audiencia con un mensaje muy fuerte, entonces es mejor tener a su audiencia muy centrada en lo que está diciendo. Si tu mensaje es bastante débil, entonces es mejor distraer a tu audiencia un poco. Si usted es un padre, probablemente ha experimentado esto. Su hijo le pide algo cuando usted está en medio de otra cosa y, sin pensarlo realmente, acepta su solicitud.

Además, tiene que pensar muy cuidadosamente en cómo compone su mensaje para que se reciba de la manera que quieres que se reciba. Los mensajes con un encuadre positivo van a ser más persuasivos. También debe ser un poco astuto y disfrazar su mensaje para no presentarlo como persuasivo. Su mensaje será más persuasivo si pretende no serlo.

La confianza también juega un papel importante en la forma en que se percibe su argumento, tanto su confianza como la de su audiencia. Cuando usted está seguro de que ayudará a su audiencia a sentirse más segura, también deberán tener confianza en cambiar su actitud. La confianza también aumenta cuando el argumento proviene de una fuente creíble. Con la confianza viene el poder. El poder que la audiencia sentirá para cambiar y el poder que el influyente tiene sobre la audiencia.

Por último, debe evitar tratar de persuadir fuertes creencias u opiniones. Estos son muy difíciles de cambiar y a menudo las personas no se despegan de ellos a menos que sientan una necesidad intrínseca de hacerlo. Nunca se sumerja en un alegato persuasivo cuando haya creencias e ideas arraigadas con las que su audiencia está comprometida. Sólo se encontrará con resistencia y objeción.

Cómo Dar y Recibir Críticas Positivas Eficazmente

Para la mayoría de las personas, ser criticado realmente puede golpear su ego y autoestima. Sin embargo, si se hace correctamente, las críticas pueden inspirar y mejorar a las personas y empujarlas ser mejor en el lugar de trabajo. Sin importar si es o no un líder dentro de su organización, es probable que tenga que criticar a un miembro del equipo o empleado en algún momento. Para muchas personas, dar críticas es difícil. Sin embargo, recibir críticas puede ser aún más difícil. A las personas les gusta sentir que están haciendo las cosas correctamente y que están cumpliendo. Realmente no importa lo bien que lo diga, a menudo duele escuchar la verdad sobre tu desempeño laboral. Si usted es alguien que se esfuerza constantemente por mejorar su rendimiento laboral, entonces podría darle la bienvenida a los comentarios y valorarlos, incluso si le duele. Si el dador de la retroalimentación es neutral o tiene un acercamiento positivo de retroalimentación en lugar de tratar de hacer que el receptor se sienta mal, esto realmente puede ayudar a construir confianza a través de la crítica constructiva y la empatía.

Ya sea que esté criticando a un colega o a un subordinado, hay ciertas medidas que puede tomar para asegurarse de que sus comentarios sean bien recibidos y apreciados. Como receptor de los comentarios también hay acciones que puede tomar con el fin de beneficiarse plenamente de la retroalimentación. Ahora, una precaución, algunos comentarios que reciba podrían tener aviso, como una evaluación. Sin embargo, algunos comentarios pueden ser no deseados y será sorprendido desprevenido. En cualquier situación, puede recibir esa retroalimentación y tomar ventaja para usted.

Asegúrese de que tiene objeciones claras. ¿Cuál es el mejor resultado posible de la crítica? Si usted es el que da la retroalimentación, no se desahogue sin intención; no va a lograr nada más que hacer que la otra persona le resiente. Si usted es el receptor de tales críticas y siente que ha estado bajo ataque, entonces haga todo lo posible para descartar cualquier situación tensa. Puedes hacer esto preguntando a la persona que le está criticando lo que esperan lograr con esa interacción. En el mejor de los casos, se dará cuenta de cuál es la causa raíz de la fricción y la crítica, en el peor de los casos, puede hacer una salida elegante.

Cuando vaya a criticar a alguien o darle algún tipo de retroalimentación, primero considere el entorno y el momento. Elija un entorno neutro que esté libre de distracciones. Hay muchas situaciones en el lugar de trabajo donde la crítica tiene lugar frente a otros empleados, causando vergüenza e incomodidad en la persona que recibe la crítica. En algunos entornos de trabajo, se requiere un tercero si un empleado va a ser "amonestado", pero esto puede hacer que la gente sienta que está siendo acorralada, así que asegúrese de que el tercero sea neutral y no causará más fricción. La fricción también se puede minimizar mediante el uso de humor y la relación apropiados que ya se han construido entre las partes. También puede ayudar a derribar las defensas de la persona a la que se le está dando retroalimentación compartiendo sus propios errores absurdos y experiencias personales. Esto ayuda a esa persona a poder relacionarse con usted antes de abordar sus propios problemas de rendimiento.

Si usted es la persona a la que se le está dando la retroalimentación y se siente amenazado o avergonzado, entonces no tenga miedo de hablar al respecto. Pídale a la persona que le proporciona los comentarios que se traslade a un área más privada o si puede establecer una reunión en otra fecha y hora en un futuro cercano. Asegúrese de que mantiene su lenguaje corporal neutral y está abierto en lugar de cerrado, esto ayudará a la persona que le critica a sentirse más cómodo y relajado.

Al criticar a alguien es prudente usar menos palabras con más significado detrás de ellas. Es probable que la persona que está criticando tenga una voz interna fuerte que les esté causando ansiedad. Es probable que pueda hacer llegar su punto si es breve y conciso. Cuanto más trates de hablar con la persona que estás criticando, es menos probable que oigan. Se distraerán de los puntos clave y se les hará más difícil recordar los puntos que está tratando de hacer. Haga todo lo posible para planificar su conversación con anticipación y, si es posible, escríbala para que la persona con la que se está comunicando tenga algo que llevarse para recordar la conversación.

Si usted está en el extremo receptor de la crítica, lo mejor es dejar que sus críticos hablen de lo que tienen la cabeza y saquen todo de su pecho. Si intenta debatir su posición, se verá como defensivo y cerrado. Es mejor para usted recibir la retroalimentación en ese momento y aceptarla, mientras la repasa más tarde con una cuidadosa consideración. La persona que lo estaba criticando lo tomará más en serio cuando su respuesta sea contemplada, bien pensada y articulada, en lugar de simplemente reaccionar a la situación.

No debe abordar una crítica de una manera egoísta, pero debe ser capaz de conocer a su objetivo lo suficientemente bien como para explicarle cómo la retroalimentación le beneficiará y ayudará a alcanzar sus metas deseadas. La persona a la que le está dando los comentarios va a estar más abierta a las sugerencias si se comprometen con el resultado de la crítica. Si usted es capaz de proporcionar un contexto para la crítica, como una promoción, entonces se vuelve vital para el éxito de ellos.

Por el contrario, si usted es el que está experimentando la crítica, vea objetivamente la situación. Despréndase de sí mismo y de la situación y mire objetivamente lo que se está diciendo. ¿Tiene claros sus objetivos? ¿Esta crítica le ayudará a seguir su carrera o simplemente alguien tiene un mal día y lo está usando como objetivo?

Por último, aprenda a usar la autocrítica. La autocrítica es de dos lados; aprender a hacerlo por usted mismo y aprender a animar a otros a hacerlo. Si usted es la persona que da la retroalimentación, no recite sólo una lista de las cosas que se hicieron mal, dé ejemplos de escenarios usando un punto de vista objetivo y haga preguntas a su sujeto que lo animen a obtener sus propias conclusiones. Estas conclusiones auto-obtenidas deben centrarse en las áreas a mejorar del sujeto. Hágales preguntas que los ayuden a ver la perspectiva de un gerente respecto a su situación. Use oraciones con "yo" o ejemplos de sus propias experiencias que ayuden a desenfocarse de ellos mismos y que se enfoquen en cómo se siente usted.

Cuando se trata de autocrítica, debe hacerla de manera regular. Haga todo lo posible para tratar de estimar los puntos clave de cualquier retroalimentación antes de que realmente suceda. Hay una manera muy efectiva de desarmar sus críticas antes de que empiecen a criticarle y es ser capaz de iniciar una conversación sobre tus propios fracasos antes de que otra persona lo haga. Esto no sólo desarmará a sus críticos, sino que también los impresionará. Puede convertir un potencial ataque en ganancia para ambas partes.

La Importancia de las Habilidades para una Clara Comunicación Escrita en el Trabajo

Si bien muchos empleadores subrayan que los empleados tienen habilidades eficaces de comunicación oral y escrita, a menudo se puede pasar por alto la comunicación escrita eficaz. Cuando un empleado tiene habilidades de comunicación escrita muy eficaces, puede beneficiar a la empresa de múltiples maneras, como garantizar una comunicación de calidad con los clientes. Los empleados con buenas habilidades de comunicación escrita son vistos como inteligentes, corteses y orientados a los detalles.

Existe el viejo proverbio de que sólo tienes una oportunidad de hacer una primera impresión, esto también aplica para las comunicaciones escritas. El lector de la comunicación escrita tendrá una buena impresión del escritor si la escritura está bien redactada, organizada y libre de errores gramaticales. Una buena comunicación escrita durante el proceso de solicitud de empleo puede ser crucial para una oferta de trabajo y un aumento del salario. Si un empleado tiene habilidades de escritura deficientes en una comunicación externa, esto puede reflejarse mal en la empresa en general. Si un empleado tiene malas habilidades de escritura y sus colegas notan un patrón de habilidades de escritura deficientes, es probable que se perciba como poco inteligente (Petersen, 2019).

Excelentes habilidades de comunicación escrita demuestran cortesía por parte del escritor. Cuando alguien se toma el tiempo con su comunicación escrita, demuestra que valora el tiempo del lector. El lector también se beneficia de que el escritor presente sus ideas de una manera clara y organizada. Si el escritor no es capaz de comunicar claramente su mensaje, esto consume tiempo y energía del lector para tratar de determinar cuál es el mensaje que se quiere entregar. El lector podría incluso tener que hacer preguntas clarificadoras para tratar de averiguar lo que el escritor está tratando de comunicar.

Una comunicación clara es vital para tomar decisiones empresariales acertadas tanto interna como externamente. Es mucho más fácil para los empleados entender proyectos y compartir ideas cuando los objetivos están claramente definidos y son fácilmente entendidos. Para las comunicaciones externas, los empleados, los clientes y los proveedores pueden entenderse más fácilmente cuando las comunicaciones escritas son claras y están libres de posibles malentendidos. Es mucho más fácil coordinar objetivos, reuniones y negociaciones cuando las comunicaciones escritas son concisas.

Si usted no es naturalmente bueno en las comunicaciones escritas, puede perfeccionar sus habilidades aquí también. Hay varias maneras en las que puede trabajar para mejorar sus habilidades de comunicación escrita.

Tómese su tiempo al escribir. A menudo, la gente comete errores simples y tontos en su escritura cuando se apresuran. Tómese su tiempo escribiendo y luego regrese y compruebe lo que ha escrito. No apresure sus comunicaciones escritas "tan rápido como sea posible", sino más bien como mini proyectos individuales. Utilice siempre un corrector gramatical al escribir. Asegúrese de que su ordenador esté equipado con un corrector de gramática o instale uno. No tenga miedo de pedir opiniones de sus colegas. Si está escribiendo un correo electrónico especialmente importante, asegúrese de que su gerente o compañero de trabajo lea el correo electrónico antes de enviarlo a su destinatario. Si usted siente que realmente necesita ayuda adicional con su escritura, tome un curso sobre comunicaciones escritas. La mayoría de las universidades comunitarias ofrecen clases de comunicación escrita y también hay muchas disponibles en línea.

El Secreto para Ser un Empleado Proactivo en el Trabajo

Ser proactivo significa actuar antes de que ocurra un evento futuro; de esta forma hace que las cosas sucedan en lugar de simplemente esperar y reaccionar a las cosas cuando y mientras suceden (Scivicque, 2018). Los empleados proactivos son ingeniosos y no son pasivos. Cuando los empleados son proactivos, no necesitan ser micro administrados, requieren instrucciones menos detalladas de sus superiores y a menudo no necesitan órdenes para hacer las cosas y pueden anticiparse a las necesidades de su equipo. Ser proactivo puede aplicarse al rol individual del empleado o a cualquier función y responsabilidad adicional de su equipo y/o organización. Cuando los empleados son proactivos dentro de sus propias funciones, pueden encontrar una manera más efectiva y productiva de cumplir sus propias responsabilidades. Cuando un empleado es proactivo en roles que están fuera de su descripción de trabajo, habla de su comportamiento de ciudadanía organizativa. Un empleado con un alto comportamiento de ciudadanía organizativa y que sea proactivo, será más propenso a preguntar a sus colegas o gerentes si necesitan ayuda en un proyecto antes de que se le solicite (Cooley, 2019). Los empleados proactivos piensan y actúan de ciertas maneras que les ayudan a avanzar a sí mismos y a sus organizaciones.

Los empleados que son proactivos son organizados. Su espacio de trabajo está organizado, su horario está organizado y mantienen una mentalidad positiva. Cuando los empleados son organizados y son capaces de gestionar eficazmente su tiempo, abordan las tareas de una manera más eficaz que también les permite estar abiertos a más oportunidades en el lugar de trabajo. Una mentalidad positiva en el lugar de trabajo alienta al empleado y a sus colegas a buscar mejorar en todas las situaciones. Los empleados que son organizados, que evalúan las situaciones y que permanecen positivos son consideran listos, dispuestos y capaces para asumir mayores responsabilidades. A menudo son vistos como la persona a la que acudir y solucionadores de problemas clave en el equipo o en la organización. Para convertirse en un empleado más proactivo, haga una evaluación de sus funciones y responsabilidades actuales dentro de la organización y hágase estas preguntas:

- ¿Cuáles son sus prioridades y tareas?

- ¿Cuáles de sus prioridades pueden eliminarse, consolidarse o acortarse?

- ¿Cuáles son sus tareas regulares o menos urgentes y cómo puede mantenerse por delante de ellas?

- Cuando surgen problemas, ¿cómo los resuelve?

- ¿Cómo puede planificar con anticipación o anticipar los problemas antes de que se desarrollen?

- ¿Cómo podría automatizar tareas para que su trabajo consuma menos tiempo y sea más eficiente?

- ¿Hay alguna tarea que pueda delegar o que sea más adecuada para otros empleados?

Hacerse estas preguntas y responderlas puede ayudarle a aumentar su productividad y convertirse en un empleado o líder más proactivo.

Mire a su alrededor, a sus compañeros de trabajo y líderes, ¿hay alguien a quien admire? ¿Alguien que siempre parece estar por delante del juego y todo el mundo parece acercarse a él o ella cuando surge un problema? Si puede, trate de pasar tiempo con esa persona y observe su comportamiento y obtenga información. Utilice lo que pueda aprender de ellos y adapte sus propias técnicas. Algunas de las técnicas podrían funcionar mejor para usted que otras. Necesita trabajar para construir su propio repertorio y afinar las cosas que le funcionan y deshacerse de lo que no. Hágale saber a su gerente o superiores que desea ayudar más o asumir mayores responsabilidades. No se quede ahí esperando a que alguien le pida que ayuda. Necesita estar preparado y dispuesto a hacer sus propias oportunidades y demostrar que quiere involucrarse más y asumir más responsabilidades.

Fijar objetivos es una parte muy importante de ser proactivo. ¡Anote sus objetivos y establezca plazos! Un objetivo sin fecha límite es simplemente un sueño. Cuando sabe lo que quiere, es más fácil trabajar hacia sus resultados. Las metas pequeñas pueden conducir a metas más grandes, así que piense en trabajar hacia atrás. Si su objetivo es ser promovido, entonces sea proactivo y descubra cómo trabajar hacia atrás. Esto podría significar mostrar sus habilidades de liderazgo asumiendo tareas más difíciles o trabajando con otros empleados para ayudar a resolver problemas. No se desanime por los contratiempos u obstáculos con los que se encuentre. Tiene que estar dispuesto a salir de su zona de confort y ser resistente al superar obstáculos. Debe estar comprometido a hacer siempre su mejor trabajo y trabajar en ser un modelo a seguir para otros miembros de su equipo y dentro de su organización. Demuestre que le apasiona lo que está haciendo y delo todo, incluso si es un proyecto en el que no quiere trabajar particularmente. Los gerentes y otros superiores lo notarán.

Ser proactivo requiere mucho trabajo, así que celebre sus éxitos, no importa cuán grandes o pequeños sean. Tiene que ser flexible, no puede anticipar cada resultado. Necesita ser capaz de responder en lugar de reaccionar a situaciones inesperadas; esta es una buena cualidad de un empleado proactivo. Si bien ciertamente hay situaciones en las que es apropiado reaccionar, los empleados proactivos son flexibles y capaces de manejar muchas situaciones diferentes.

Cómo Hacer las Preguntas Adecuadas para Obtener Resultados

Nuestros cerebros están diseñados para hacer preguntas, pero para obtener respuestas que den resultados, usted necesita hacer las preguntas correctas (Grace, 2018). Hacer preguntas es tanto un arte como una ciencia. Si su función en su organización es obtener resultados y mantener avanzando, entonces debe ser versado en hacer preguntas, preguntas de calidad, es decir. La calidad de las preguntas que haga determina la calidad de las respuestas que recibirá. En términos generales, cuando comienza una pregunta con "por qué", es poco probable que obtenga la respuesta que está buscando o que nueva información sea revelada.

Cuando inicia una pregunta con "por qué", suena como si estuviera culpando a la persona con la que está hablando. Estas preguntas no abren el diálogo ni la conversación para llegar al origen del problema, en su lugar se utilizan para confirmar una sospecha. Al tratar de encontrar una respuesta, hacer la pregunta correcta es la mitad de la batalla. Hacer preguntas "por qué" también pone a la persona cuestionada, en una posición que llevará a la respuesta a sonar defensiva. Cuando hace preguntas de "por qué", está siendo perezoso, ya que pone todo el pensamiento en el receptor de la pregunta. Con el fin de hacer preguntas de manera efectiva, debe formular la pregunta para que mueva la conversación hacia adelante en lugar de tratar de delegar la resolución a otra persona.

Los equipos de administración están capacitados para dar respuestas, no están capacitados para hacer buenas preguntas. Con el fin de hacer mejores preguntas, usted debe observar más allá de un vistazo rápido. En lugar de preguntar por qué su equipo no terminó un proyecto a tiempo, podría hacer preguntas como:

- ¿Cuál miembro de mi equipo parece distraído y cuál parece estar en el buen camino?

- ¿Hay algún conjunto de habilidades de las que el equipo carezca?

- ¿Cuándo parece que mi equipo produce su mejor trabajo?

- ¿Cómo afecta la dinámica del equipo a los resultados del proyecto?

Ve las diferentes áreas de preocupación que se están abordando en lugar de simplemente culpar al equipo de que el proyecto no se terminó a tiempo. Hay muchos aspectos diferentes que podrían llevar a un equipo a no completar el proyecto a tiempo. Tal vez algunos miembros del equipo trabajan lo necesario, mientras que otros haraganean. O tal vez hay algunos factores externos que están afectando los resultados del equipo. Ser capaz de observar a su equipo le ayudará a hacer preguntas de calidad que inducen una conversación profunda para llegar a la raíz de los problemas.

Las personas curiosas tienden a estar en una mejor posición para hacer las preguntas correctas. Cuando profesionales como los ingenieros tienen curiosidad por algo, profundizan en el tema. No sólo busque lo que es obvio o lo que está en la superficie del problema. Deje todos sus prejuicios y nociones preconcebidas fuera. Cuando tiene curiosidad por algo, esto también lo deja vulnerable, ya que admite que no tener todas las respuestas. Cuando se trata de estudios profesionales y científicos, los investigadores no ocultan sus errores, los publican con el fin de ayudar a avanzar a sus campos. En lugar de preguntar por qué usted (o su equipo) está fallando en encontrar respuestas, debe explorar su curiosidad. Tome un enfoque diferente para hacer preguntas con curiosidad. Concéntrese en preguntas como estas:

- ¿Cómo se ve la solución a este problema?

- ¿Cómo verá el usuario final este problema y solución?

Trate de mirar el problema desde todos los ángulos diferentes y llegar a varias perspectivas. Pregunte a otras personas su perspectiva sobre el tema o verifique lo que otros han hecho en situaciones similares, lo que me lleva a mi siguiente punto: reconocer patrones.

Cuando es capaz de reconocer patrones en los problemas, puede llegar a una solución más rápido. Cuando usted es capaz de obtener el patrón correcto, entonces puede medir su diseño tal y como debería funcionar consistentemente. En lugar de centrarse en por qué aún no ha encontrado una solución, concéntrese en lo que ya ha funcionado y en cómo puede considerar el problema desde una perspectiva diferente.

Las preguntas de calidad también muestran empatía. Las preguntas genuinas y de calidad no son inductivas por naturaleza ni piden nada a cambio. Las preguntas que hace no deben tratar de encontrar la solución más rápida o más fácil, sino más bien encontrar una solución a largo plazo. Llegue a la raíz del problema y deje de preguntar por qué existe éste, sino más bien cómo se puede acercar al origen del problema. Estas son algunas preguntas empáticas a considerar:

- ¿Cómo puede su equipo acercarse a la fuente del problema?

- ¿Qué puede hacer cada individuo para ayudar a comprender el problema en cuestión?

- ¿Qué puede hacer usted para que la solución sea más práctica y fácil de entender?

Por último, debe estar atento y comprometido al hacer preguntas. Estar atento es entender la cultura que rodea al problema y ser capaz de cambiar la perspectiva con la que lo ve. Cambiar la perspectiva puede significar mirar a diferentes entornos e industrias para observar cómo otros podrían estar resolviendo problemas. En lugar de preguntar por qué un producto o servicio no se vende, debe mirar más allá del producto o servicio en sí y ver a los consumidores. Pregunte en su lugar:

- ¿Los compradores están experimentando resistencia de algún tipo?

- ¿Qué puede hacer para eliminar las barreras de los clientes?

Hacer preguntas realmente efectivas se deriva de la incorporación de las cinco áreas antes mencionadas. Debe ser capaz de observar, traer curiosidad al problema, ser capaz de reconocer los patrones que rodean el problema, ser empático con el usuario final y estar presente en las diferencias culturales. Hacer preguntas de calidad proporciona un sentido de propiedad que promueve el pensamiento aprovechado al descubrir conceptos. Puedes empezar a hacer mejores preguntas utilizando el pensamiento creativo, la apertura y la inclusividad.

Cómo Reportar Profesionalmente a tu Superior sobre el Estado de un Proyecto

Desarrollar un informe profesional sobre un proyecto en el que está trabajando puede contribuir a mostrar sus habilidades de comunicación a sus superiores. Ser capaz de informar profesionalmente sobre el estado de un proyecto no es algo en lo que muchas personas sean expertas; incluso los mejores directores de proyectos pueden tener problemas con esto. Simplemente se reduce a la falta de comprensión desde la perspectiva del director del proyecto (Redmond, 2018). Lo más probable es que su gerente esté siendo presionado para informar por parte de su superior sobre el estado del proyecto y ahora ha terminado en las manos de usted el informe del estado del proyecto. Hay algunas reglas básicas a las que puede apegarse, para establecer su reputación como alguien que sabe cómo informar eficazmente sobre el estado de un proyecto grande e importante. Será capaz de mantener a su equipo de gestión informado y mantener el proyecto avanzando exitosamente.

En primer lugar, debe asumir la perspectiva de su gerente o equipo de administración al que le estará informando. Si usted es el encargado de informar el estado de un proyecto importante, entonces no debería sorprenderle que su gerente va a querer cualquier información importante sobre el proyecto que pueda obtener. Si usted es capaz de construir un excelente informe sobre el estado del proyecto, su gerente no tendrá que preocuparse por involucrarse y podrá permanecer informado sobre el bienestar y la dirección del proyecto. Tu jefe necesita obtener regularmente información sobre el proyecto para compartirlo con su jefe. Cuando usted está al corriente de todo, su jefe también parecerá que está al corriente de todo y puede ser un beneficio para usted.

Incluso si está trabajando en un proyecto que es menos importante, debe tomar el informe de ese proyecto con la misma seriedad. Es beneficioso para su gerente ver un informe breve donde fácilmente pueda hojear los detalles de un proyecto para asegurarse de que todo está en el camino correcto. Su trabajo de ser capaz de informar profesionalmente un proyecto se reduce a ser capaz de destilar toda la información en fragmentos fácilmente digeribles que sean fáciles de entender mientras presentan los elementos más básicos y esenciales del proyecto. Hay tres componentes principales para escribir un excelente informe de estado del proyecto. Debe incluir los tres componentes principales (resumen, hitos y problemas), cómo organizar el estado del informe, qué breves detalles incluir, los datos clave que se incluirán, cualquier manejo de problemas y los resultados esperados.

Los tres componentes principales que debe incluir en su informe de proyecto y que harán saltar de alegría a su gerente por sus estelares habilidades de informar proyectos son el resumen general, hitos y problemas. El resumen del proyecto es el estado general del proyecto. El equipo de administración debe ser capaz de detectar si el proyecto está en problemas. Como informante sobre el proyecto, es posible que no sea consciente de todos los problemas del proyecto y su gerente deba ser capaz de determinar rápidamente si el proyecto está en problemas con lo que usted está informando. El siguiente componente importante son los hitos del proyecto. Los hitos son logros importantes que se han completado en fechas específicas. Los gerentes deben ser capaces de ver qué hitos se han completado, cuáles están en desarrollo y cuáles podrían estar retrasados. Esto le permite al equipo de administración una vista general del cronograma del proyecto y les ayuda a ajustarse en consecuencia si es necesario. Por último, el tercer componente importante del proyecto sobre el que debe informar, es cualquier problema que haya surgido. Si ha habido algún obstáculo para la finalización exitosa del proyecto, debe asegurarse de incluirlo en su informe. Esto ayuda al equipo de administración a determinar si necesita hacer ajustes o intervenir y ofrecer más ayuda.

Lo siguiente es ser capaz de organizar eficazmente el informe de su proyecto. Debe empezar en el nivel más alto y trabajar hacia abajo hasta las cosas de nivel inferior. Asegúrese de poner el estado general del proyecto en primer lugar; de esta manera, un gerente puede saber inmediatamente si hay que hacer algo con el proyecto. Si el gerente está preocupado por el estado general del proyecto, puede examinar más detalles dentro del estado del proyecto, consultar las fechas programadas y los problemas que podrían estar afectando a los plazos del mismo. Si usted es realmente bueno informando, debería ser capaz de informar las cuestiones que están causando la mayoría de los problemas de acuerdo a su prioridad.

Además, su informe del proyecto debe incluir los detalles breves. Estos necesitan ser claros, concisos y nítidos para que el equipo de administración los comprenda rápidamente y con poco esfuerzo. Teniendo en cuenta que su gerente probablemente tiene muchos proyectos bajo su administración, tienen muy poco tiempo para sentarse y leer el informe de su proyecto, así que asegúrese de que solo está incluyendo los detalles que necesita saber. No es necesario narrar el informe del proyecto, sino ser tan conciso como sea posible. Por ejemplo, en lugar de escribir en párrafos, utilice enunciados cortos con viñetas. Reduzca la información tanto como sea posible sin eliminar ninguna información vital. Evite añadir adverbios y adjetivos o cualquier etiquetado innecesario. Por ejemplo, no ponga *"fecha: 1/2/2019"*, sino sólo la fecha como *"1/2/2019"* puesto que no necesita explicación.

Debe asegurarse de que todos los datos clave se incluyen en el informe del proyecto. Esto permitirá a su equipo administrativo conocer el estado general del proyecto, los hitos del proyecto y cualquier problema que esté presente. Los puntos de datos clave que debe incluir en el informe del proyecto son:

- El nombre del proyecto.

- Cualquier número de identificación del proyecto u otros identificadores.

- El estado general del proyecto.

- El porcentaje que espera sea completado en ciertos hitos.

- El porcentaje que realmente se completa en ciertos hitos.

- El número de días que está por delante o por detrás en el proyecto.

- El número de problemas a los que se enfrenta que impiden que el proyecto avance.

- El número de problemas "normales" que el proyecto está experimentando.

Estos elementos de datos deberían proporcionar una visión general suficientemente sólida del proyecto que su superior puede consultar rápidamente. Sus superiores necesitan ver algo más que el estado general del proyecto, necesitan ser capaces de observar una visión general muy rápida del cronograma, los hitos y los problemas, para determinar si deben involucrarse y ayudar en el proyecto. Al proporcionar un resumen de los hitos del proyecto, debe incluir el nombre del hito, el porcentaje de finalización del hito, las fechas de inicio y finalización establecidas y las fechas de inicio y finalización reales. Hay muchas maneras diferentes de presentar los hitos usando gráficos coloridos y sofisticados. No busque lo que mejor se ve, busque lo que sea más práctico y fácil de entender. Desea crear claridad, no más confusión.

Cuando se trata de comunicar problemas del proyecto, debe presentarlos al final del informe del mismo. Esta sección debe incluir todas las diversas cosas que sus superiores necesitan saber sobre los problemas que el proyecto está experimentando. Esto puede incluir el número si tiene algún tipo de sistema para numerar los problemas del proyecto, el nombre del problema, la fecha y hora en que se notificó el problema, la prioridad o gravedad del problema, el nombre de la persona que está manejando el problema, el tiempo estimado que tomará resolver el problema y la actividad actual del problema.

Una vez que se haya vuelto experto en comunicarse con sus superiores sobre el estado de los proyectos, generalmente sucederá una de dos cosas. O sus superiores hablarán con usted menos porque sienten que tiene todo bajo control, o conversarán con usted más para tratar de mantenerse al tanto de cualquier problema y obtener más detalles de su parte. Es menos probable que le pregunten constantemente sobre el estado del proyecto, pues ya lo habrá proporcionado. Si sus superiores todavía le están pidiendo informes de estado, puede ser que no esté enviando suficiente, no los esté enviando a las personas adecuadas o no envíe un informe de estado lo suficientemente bueno. Sus superiores no deberían tener que pedirle continuamente informes de estado, sino más bien ser capaces de digerirlos pasivamente. Los empleados que son capaces de producir informes de proyectos de calidad son pocos y distantes entre sí. Un empleado que puede presentar un proyecto de una manera clara y concisa es mucho más benéfico para la empresa que alguien que puede hacer gráficos y diagramas sofisticados.

Resumen del Capítulo

Desarrollar habilidades de comunicación eficaz en el trabajo es algo que cualquiera es capaz de lograr. Con su caja de herramientas de comunicación llena, puede persuadir a la administración, involucrar a sus empleados y asegurarse de que su mensaje siempre se está comunicando eficazmente.

Hay muchas maneras de comunicarse tanto verbal como no verbalmente. Teniendo en cuenta que el 90% de su comunicación general no es verbal, es muy importante que usted sea muy consciente de su lenguaje corporal y otras señales no verbales mientras está en el trabajo. Una de las cosas más rápidas que puede hacer para mejorar su comunicación a través del lenguaje corporal es mantener el contacto visual mientras habla con alguien. Aquí hay algunos otros consejos y trucos para usar eficazmente su lenguaje corporal.

- Mantén una postura erguida.

- Mientras está sentado, inclínese hacia alguien cuando hable o lo escuche.

- Sea consciente de cómo otros están usando su lenguaje corporal.

- No se inquiete.

- Tenga en cuenta las diferencias culturales y de género.

- Mantenga una postura abierta y relajada.

- Sea consciente de sus expresiones faciales.

Con cada mensaje que enviamos, hay señales verbales y no verbales. Debería practicar varias formas de lenguaje corporal y asegurarse de que no está siendo percibido por otras personas como presumido, arrogante o carente de confianza.

Ser un mejor oyente en el trabajo es parte de una comunicación eficaz. A veces puede haber mucho ruido ambiental que tiene que superar. Sin embargo, si tiene en cuenta estos consejos, debería poder comunicarse eficazmente en cualquier entorno de trabajo.

- Permanezca callado y deje que otros hablen sin tratar interrumpir con lo que vas a decir a continuación.

- Repitale a la persona con la que está hablando lo que dijo con tus propias palabras.

- Mantenga el contacto visual cuando la persona esté hablando, esto le ayudará a retener información.

- Recuerde lo que alguien esté tratando de decirle como si tuviera que evocarlo más tarde.

- Minimice las distracciones de la tecnología.

- Haga preguntas abiertas para aclarar lo que se dijo.

- Esté preparado mental y físicamente para escuchar.

- Esté presente en el momento y escuche.

- Si no puede mantener una conversación con alguien de manera efectiva, programe un momento adecuado en el futuro.

- Asegúrese de que su comunicación verbal y no verbal sean coherentes.

Los lugares de trabajo son cada vez más diversos. Es vital entender la importancia de la inclusividad en el lugar de trabajo. Es un hecho bien establecido que los hombres y las mujeres se comunican de manera diferente y los estereotipos de género se perpetúan inadvertidamente por nuestras conversaciones diarias. Los comunicadores eficaces son capaces de escuchar hechos e ideas y escuchar los valores y sentimientos detrás de ellos. Los líderes masculinos se beneficiarían de pedir específicamente la opinión de sus contrapartes femeninas.

La comunicación persuasiva es también una muy eficaz habilidad para tener, particularmente en el lugar de trabajo. Saber cómo poner a las personas "de tu lado" por así decirlo, puede ayudar a influir en la gente. Las personas pueden ser persuadidas a través de la simpatía, la aprobación social, la consistencia, la escasez, la autoridad y la reciprocidad. Cuantos más tenga de los anteriores, más influencia tendrá sobre la gente. La efectividad de su influencia no se trata sólo de usted, también depende de su audiencia. Ésta necesita que su mensaje le sea relevante para ser persuadida.

Hay tres objetivos principales en los que debe centrarse al tratar de persuadir a alguien; afiliación, precisión y autopercepción positiva. Si tiene dificultad para persuadir a la gente, hablar más rápido y repetir lo que estás diciendo ayudará a la gente a creer en lo que está diciendo. También debe estar seguro de que su audiencia está prestando atención a lo que está diciendo. Al persuadir a las personas, también debe tener confianza en su ejecución.

Al dar retroalimentación, asegúrese de que está utilizando enunciados con "yo" y formulando la crítica de una manera positiva. También es importante ser capaz de autocriticarse y desarmar a sus críticos antes de que empiecen a señalar lo que ha hecho mal.

Los empleados que son proactivos son capaces de anticipar las necesidades de su equipo mientras son ingeniosos. Los empleados proactivos tampoco tienen miedo de pedir ayuda a sus superiores.

En el siguiente capítulo, aprenderá cómo manejar eficazmente situaciones y personas difíciles en el lugar de trabajo.

Capítulo Tres:
Cómo Manejar Eficazmente Situaciones y Personas Problemáticas en el Trabajo

Sucede en todos los lugares de trabajo; hay al menos una persona con la que trabaja que siempre parece hacer las cosas más difíciles. En algún momento de su carrera laboral, va a trabajar con personas difíciles o tendrá que lidiar con situaciones problemáticas. Puede ser interna o externamente que experimente situaciones o personas difíciles. Sin embargo, eso no significa que tenga que causarle mucho estrés o descarrilar cualquiera de sus objetivos.

Cómo Lidiar con Personas Problemáticas en el Trabajo; Compañeros o Clientes

Si alguna vez ha trabajado en servicio de atención al cliente, es muy probable que haya tenido que lidiar con un cliente difícil. En todos los lugares de trabajo, habrá personas problemáticas con las que tendrá que trabajar. Pueden ser clientes, consumidores, proveedores, colegas o sus superiores (lo cubriremos a continuación).

Aprender a lidiar con personas problemáticas es una habilidad que vale la pena perfeccionar. Aunque aprender esta habilidad puede ser sin duda un reto, también puede resultar muy provechoso.

Cuando aprende a tratar con personas problemáticas en su entorno de trabajo, puede mejorar drásticamente la moral de los empleados y la satisfacción de usted en el lugar de trabajo (Heathfield, 2019). Cuando es capaz de resolver dificultades con un compañero de trabajo problemático, crea un mejor entorno de trabajo general. Las personas problemáticas en el ambiente de trabajo vienen en una amplia variedad, pero la forma cómo los enfrenta depende de usted. Depende de su autoestima, de su confianza en sí mismo, de su valor profesional, así como de la frecuencia con la que tengas que trabajar con esa persona.

Por lo general, es más fácil lidiar con una persona problemática si a otras personas en el lugar de trabajo también les resulta difícil trabajar con ella. Si ese compañero de trabajo es generalmente desagradable u odioso, puede reclutar otros colegas para que le ayuden a resolver la situación. Podría ser prudente involucrar a sus superiores para ayudar a difuminar situaciones tensas o cuando tenga que lidiar con personas problemáticas. Si espera demasiado, las cosas podrían salirse de control y terminar en una situación muy negativa. Esto podría llevar a la persona problemática incluso a socavar la credibilidad profesional de usted, atacarle y hacerle quedar mal.

Incluso podría encontrar situaciones en su trabajo en las que se sientas acosado. Esto puede ser directo y obvio o puede ser mucho más sutil. Podría estar trabajando con un abusivo si regularmente se siente intimidado o teme incluso acercarse a ese empleado. Los abusivos tienden a gritarle a otros empleados, insultarlos, maltratar a la gente física o psicológicamente o amenazar a las personas. Ser acosado en el trabajo no es raro, en realidad sucede muy a menudo. Un abusador podría hablar sobre usted en reuniones, criticar regularmente su trabajo o robarle crédito por sus ideas o desempeño laboral.

Las personas problemáticas en el trabajo también pueden incluir a aquellas que siempre son negativas. Algunas personas, no importa lo que haga, parece que nunca pueden ser positivas. Siempre parecen quejarse de las cosas, no les agrada la compañía, no les agrada su trabajo y es, por lo general, desagradable estar cerca de ellas. Incluso mientras practica positividad, puede ser difícil estar cerca de estas personas porque siempre parecen arrastrar a todo el mundo hacia la negatividad. Su mejor apuesta para lidiar con este tipo de persona problemática es simplemente evitarlos por completo. Si no puede evitarlos y tiene que trabajar con ellos en algún momento, entonces haga todo lo posible para mantenerse positivo.

Hay muchos tipos diferentes de personas problemáticas que puede encontrar en su lugar de trabajo. Algunos de ellos simplemente tienen una personalidad generalmente difícil, mientras que otros parecen centrarse en usted y en sus esfuerzos. Realmente no importa con qué tipo de persona difícil está tratando, evitarlos no será suficiente. Tiene que enfrentarse a la situación y manejarla de frente. La mayoría de las veces, las personas y situaciones problemáticas empeoran si no se abordan.

No querrá dejar sin resolver el problema de lidiar con una persona problemática, ya que sólo le causará ansiedad y miseria. No debe dejar que otros afecten su actitud en el trabajo. Si está siendo tratado de una manera no profesional, haga todo lo posible para entender por qué esto le está sucediendo a usted. No querrá dejar que sus sentimientos se consoliden y lo lleven a ser irracional y por ende reaccionar de una manera poco profesional con esta persona.

Si puede evitar a la persona que le causa estrés en el trabajo, hágalo. Sin embargo, esto no siempre es posible. Si se queja de ellos con otros compañeros de trabajo puede hacerle quedar rápidamente como el malo (o mala) y será etiquetado como un quejoso. Incluso si tiene un gerente o superior que sea muy comprensivo, puede comenzar a preguntarse por qué no puede resolver sus problemas con dicho compañero de trabajo usted mismo. Si otros sienten que no es capaz de manejar a personas problemáticas en el trabajo, también podrían etiquetarlo rápidamente como una persona problemática con quien trabajar. No sólo es un título muy problemático de eliminar, puede causar estragos en su carrera.

En el caso de que haya alguien con quien le resulte difícil trabajar, hay algunos pasos que puede tomar para clarificar que esa sea la situación. Tómese un tiempo para considerar realmente si esa persona es verdaderamente el problema y en realidad es usted. Es difícil de decir, lo sé, pero a veces usted es el problema y ni siquiera se da cuenta. Hable con otro colega de confianza para medir la interacción con la persona. Vea si puede acercarse a la persona con la que está teniendo un problema y si puede hablar con ella sobre sus problemas. Pueden estar haciendo algo que ni siquiera se dan cuenta de que están haciendo. Después de haber hablado con ellos, ¿ha cambiado su comportamiento de alguna manera? ¿Ha mejorado o empeorado? ¿Han empezado a excluirlo o le parece agradable trabajar con ellos ahora?

También puede usar el humor para tratar de disipar una situación tensa. Esto no es eficaz para todos. Algunas personas no son naturalmente humorísticas y al tratar de ser divertidas pueden sonar como si se burlaran de la persona. Si ser gracioso y bromear no es natural para usted, entonces no lo haga.

En caso de que haya tratado de lidiar con la persona problemática por su cuenta sin éxito, podría ser el momento de involucrar a sus superiores. No aborde el inconveniente como un problema personal que tenga con esa persona, sino más bien un problema con la productividad. Asegúrese de ser específico y proporcione ejemplos de cómo ellos están afectando su productividad. Si tienen gerentes diferentes, es aconsejable incluir a los jefes de ambas partes.

En caso de que haya otras personas en el trabajo que están teniendo problemas con dicho empleado, trate de reunirlos. Esto no significa amontonarse contra ellos. Esto significa llevar los problemas que todos ustedes están teniendo con determinada persona a su jefe o al jefe de ella. Esto podría ayudar a convencer a los superiores que realmente hay un problema y no es sólo una persona que molesta con otra.

Cómo Lidiar Con un Jefe Problemático en el Trabajo

Lidiar con jefes problemáticos en el trabajo puede ser un desafío completamente diferente. No puede llevar sus problemas a su jefe porque es él con quien está teniendo problemas. Está destinado a tener que lidiar con un jefe difícil en su carrera laboral en algún momento. Si bien sería genial que cada jefe que tenga sea confiable, competente, amable y justo, probablemente no será la realidad. Un jefe problemático puede afectar drásticamente el compromiso, la productividad y el deseo de los empleados de contribuir al equipo. En términos generales, cuando un empleado toma la decisión de dejar su trabajo a menudo se debe a su jefe, no necesariamente a la empresa o al trabajo en sí. Tener un jefe con el que pueda llevarse bien es fundamental para la satisfacción y retención de los empleados.

Es desafortunado, pero a veces cuando las personas están en una posición de poder abusan de él y pueden llegar a abusar de sus empleados.

Pueden tomar crédito por el trabajo de un empleado, controlarlos y nunca proporcionarles comentarios positivos. Al igual que con los compañeros de trabajo menos que deseables, su jefe podría no darse cuenta de que es malo (Heathfield, 2018).

Las cualidades indeseables en su jefe podrían provenir de la falta de entrenamiento o micro gestión. Es posible que su jefe se sienta abrumado y no sepa cómo dar la dirección o el apoyo adecuados. Si su jefe fue ascendido demasiado rápido, es posible que no se den cuenta de todas sus responsabilidades. Los jefes de una generación diferente y los diferentes orígenes culturales también pueden tener puntos de vista contradictorios y causar fricciones en el lugar de trabajo.

Trate de resolver cualquier problema que esté teniendo con su jefe hablando con él primero. Hágale saber lo que necesita en lo que respecta a la dirección, el apoyo y la retroalimentación. Si tiene acceso a otro gerente, busque un mentor que le ayude a averiguar cómo tratar con su jefe. Sea franco con su gerente y pregúntale cómo puede usted ayudarle a alcanzar sus metas. Esto puede ayudarlos a que se den cuenta de que desea ayudarlos y está dispuesto un esfuerzo adicional.

En caso de que hablar con su jefe no funcione, entonces es posible que tenga que ir por encima de él e ir con su jefe o con recursos humanos para resolver cualquier problema. Si acude al jefe de su jefe o a recursos humanos, es posible que nunca descubra lo que hicieron para resolver los problemas, pero debería darle algo de tiempo para que surta efecto. Si hay otros compañeros de trabajo que han experimentado los comportamientos injustos o groseros de su jefe, trabaje con ellos colectivamente y visite recursos humanos o a su gerente para discutir la situación.

Es necesario que sé de cuenta desde el principio que tiene derecho a trabajar en un entorno seguro y profesional. No se meta en ningún tipo de disputa pública con gritos, pero trata de llamar la atención de su jefe/a sobre su comportamiento en privado, cuando tenga la oportunidad. Si ha realizado intentos de cambio sin ningún éxito, compruebe si puede transferirse de departamento.

Cómo Manejar Diplomáticamente Compañeros de Trabajo Estridentes y Disruptivos

No siempre puede elegir sus entornos de trabajo o quién está presente en su entorno de trabajo. Es posible que quede atascado involuntariamente con alguien que a menudo es ruidoso y disruptivo. Los compañeros de trabajo disruptivos no solo pueden causar estragos en su productividad, sino también causar estrés y tensión indebidas en el lugar de trabajo (Zenbooth, 2019). Si usted está tratando con un compañero de trabajo disruptivo, hay varias cosas que puede hacer con el fin de manejar con tacto cualquier compañero de trabajo estridente y disruptivo.

Trate de manejar el problema desde su extremo. Es posible que no se dé cuenta, pero algunas personas son más sensibles al ruido que otras y si es una de esas personas, alguien que habla a un volumen regular con otros podría parecerle abrumador a usted. Si puede hacerlo, use un par de auriculares con cancelación de ruido y escuche música relajante mientras esté junto a su compañero de trabajo ruidoso. Sólo recuerde que tiene auriculares puestos antes de empezar a hablar con otra persona, no querrá terminar siendo el compañero de trabajo ruidoso.

También es pertinente simplemente ser educado y preguntar si su compañero de trabajo es capaz de mantener el ruido bajo y explique por qué. Tal vez tenga una llamada telefónica importante o algo similar; es una gran excusa para comunicarse con sus compañeros de trabajo y aclarar que el trabajo no necesita ser estridente. Si generalmente tiene sentido del humor, intente hacer una señal linda o divertida para indicarle a sus colegas que bajen el volumen. Sin embargo, esto es sólo realmente una solución a corto plazo si sus compañeros de trabajo son ruidosos o estridentes todo el tiempo.

En términos generales, si usted es una persona bastante educada puede salirse con la suya simplemente pidiendo a los demás que guarden silencio. Hágales saber que realmente disfruta de la cultura de trabajo divertida, pero simplemente se siente un poco abrumado o distraído por lo fuerte que puede llegar a ser a veces. Con suerte, sus colegas serán comprensivos y trabajarán para mantener el área alrededor de su estación de trabajo un poco más tranquila. A menos que sus compañeros de trabajo sean personas malas o no les agrade por alguna razón, deberían acatar educadamente. También puede hacer todo lo posible para que sea una conversación bidireccional y preguntarles si hay algo que usted haga que sea perjudicial para el trabajo de ellos. Esto demuestra que también está teniendo en cuenta su productividad y satisfacción en el lugar de trabajo.

También tiene que asegurarse de que no está reforzando el comportamiento locuaz o estridente de sus compañeros de trabajo. Si usted tiene un compañero de trabajo que es particularmente hablador y está constantemente tratando de hablar con usted, haga todo lo posible para evitarlos educadamente. Cuando alguien está siendo muy hablador, esto es a menudo un comportamiento en busca de atención. Si su compañero de trabajo parlanchín continúa tratando de hablar con usted, responda a cualquier pregunta que tenga con una respuesta corta y concisa, luego vuelva a lo que estaba haciendo y desvíe su contacto visual. Esta es una manera de usar su lenguaje corporal para hacerles saber que la conversación ha terminado. Si siguen tratando de hablar con usted, simplemente hágales saber que tiene mucho trabajo por terminar y que no está tratando de ser grosero, pero necesita concentrarse en la tarea en cuestión.

También asegúrese de que está siendo un buen ejemplo para sus compañeros de trabajo. Si usted es abordado por un colega bastante ruidoso, lleve la conversación a algún lugar donde no interrumpa a otros compañeros de trabajo. Si no quiere llevar la conversación a algún lugar donde no interrumpan a los demás, simplemente pídales que bajen la voz para no molestar a los que están trabajando. Con suerte, esto debería dar un ejemplo a sus compañeros de trabajo estridentes.

Si usted está teniendo dificultades para conseguir que sus compañeros de trabajo permanezcan en silencio cuando tiene que tomar una llamada importante o necesita para hacer su trabajo, entonces, vaya a un lugar tranquilo. La mayoría de los edificios de oficinas tienen salas de conferencias de repuesto u oficinas vacías que puede utilizar de forma regular o en ocasiones, para tomar esas llamadas telefónicas importantes.

Si bien ir con su supervisor o recursos humanos quizá sea una última opción, también podría ser su única opción. A veces no importa lo educado que sea con sus compañeros de trabajo, hay algunas veces en las que simplemente no se preocupan por su trabajo y prefieren molestarle con sus fuertes actividades. El objetivo de recursos humanos siempre debe ser proporcionar a todos un entorno de trabajo armonioso. Recursos humanos debe ser capaz de manejar la situación con tacto y abordarla de manera general en lugar de señalar a alguien como el ruidoso o la persona que presenta la queja.

Cómo Manejar Situaciones Problemáticas en el Trabajo y Mantener la Calma

Una cosa es tratar con personas o jefes problemáticas en el trabajo, y otra lidiar con situaciones difíciles. Pueden surgir situaciones problemáticas con los clientes, con otros compañeros de trabajo, con los proveedores o su jefe. Situaciones difíciles en el trabajo, al igual que con las personas problemáticas, causan estrés y ansiedad. Las situaciones de trabajo difíciles son causadas por la falta de control. Puede sentir que todo el mundo quiere atraparlo y que no hay nada que pueda hacer al respecto. Sin embargo, ¡hay cosas que puede hacer al respecto!

Incluso si generalmente eres una persona sensata, el entorno de trabajo puede obtener lo peor de usted. Reprimir todas las frustraciones del trabajo no va a beneficiar a nadie. Es probable que termine sacando su ira y frustraciones con miembros de la familia ajenos a la situación, como sus hijos o pareja. Si bien todos sabemos que el ejercicio tiene muchos beneficios, uno más es ser capaz de manejar mejor las situaciones de trabajo difíciles. Si usted es capaz de dar una caminata enérgica o una carrera rápida antes de ir a trabajar, no sólo puede proporcionarle claridad mental, sino también darle un poco de energía para el día. Puede liberar fácilmente toda la tensión que está reprimiendo en el trabajo haciendo ejercicio durante unos 30 minutos por día. Puede que requiera despertar un poco antes, pero le prometo que los beneficios superan con creces las molestias de levantarse un poco antes. Cuando tienes energía para el día y tu mente está clara, eres capaz de enfocarte mejor y no actuar irracionalmente y ser competente de lidiar con calma compañeros y situaciones de trabajo problemáticas.

También podría ser beneficioso obtener una opinión externa de la situación. Cavilar situaciones puede atrapar su mente en una continua espiral descendente. Puede parecer que a veces no puede escapar de su vida laboral y que toda su vida gira en torno a su trabajo. Puede llegar a ser muy abrumador cuando el único punto de vista de la situación es el suyo. Si encuentra su lugar de trabajo problemático, ¡entonces salga! No estoy diciendo que deba renunciar, lo que estoy diciendo es que debería encontrar una manera de salir del trabajo y liberar su mente del trabajo. Conozca a un amigo que no sea su compañero de trabajo para almorzar o ir a dar un paseo. Un amigo con el que no trabaje podría ofrecer una perspectiva externa de la situación. Usted puede decirles exactamente cómo se siente sin tener que preocuparse por cualquier reacción de su empleador o compañeros de trabajo.

Al igual que cavilar las cosas, también es posible sobre analizar su situación. Gran parte del estrés y la ansiedad por su situación laboral podrían deberse a la sensación de no ser capaz de salir de una situación difícil. Su mente puede ser muy poderosa, ya sea en una manera positiva o negativa. Es fácil quedar atrapado en el patrón de cavilar y tratar de averiguar todo lo que está pasando en el trabajo, como a quién está favoreciendo su jefe actualmente o por qué parece que siempre termina usted en situaciones problemáticas allí. Lo que quizás no se dé cuenta es que la mayoría de las situaciones se deben a un sobreanalizar las cosas y todo está en su cabeza. Muy a menudo estas situaciones de trabajo difíciles no son reales como tal, sino más bien su mente divagando libremente. Convierta esos pensamientos negativos sobre su trabajo en acciones. Concéntrese en su trabajo. Encuentre una tarea dentro de un proyecto y lánzate a ella. Concéntrese en hacer contribuciones a su lugar de trabajo y recupere el control de las situaciones a las que se enfrenta en el trabajo (Miglani et al., 2019)

Cómo Superar las Habilidades de Comunicación Deficientes de sus Compañeros de Trabajo

Incluso si se ha convertido en un comunicador de primera clase en su lugar de trabajo, es poco probable que todos sus compañeros de trabajo sigan su ejemplo. Si bien ser capaz de comunicar algo a su equipo debe parecer un proceso simple, hay varias cosas que pueden interferir con la clara recepción de un mensaje.

Hay ciertas maneras de saber si usted está trabajando con un comunicador deficiente. Si la persona con la que estás hablando no parece estar comunicándose con usted o no le está dando retroalimentación, es probable que no sean excelentes para comunicarse. Esto también puede suceder si tiene un colega que no recibe retroalimentación alguna (Desconocido, 2019). Puede que hablen demasiado y usted ya debe saber que cuando se trata de comunicación eficaz se tiene que escuchar el doble de lo que se habla.

También puede descubrir que su compañero de trabajo carece de habilidades de comunicación eficaz si utilizan directivas de "tú" en lugar de enunciados con "yo". Por ejemplo, "*tú nunca terminas tu parte del proyecto a tiempo*". Un ejemplo de uso de un enunciado con "yo" sería algo así como; "*Yo siento que estoy asumiendo más responsabilidad por el proyecto*". El uso de enunciados con "tú" puede hacer que esas personas de las que están hablando se sientan cuestionadas en lugar de integradas en la conversación. También podrían sentir que se les está culpando en lugar de tener un tono neutro. ¿Reaccionan sus compañeros de trabajo a las ideas que se les presentan descartándolas o se involucran en una discusión sobre la idea? Si cierran automáticamente a la idea, entonces no son muy buenos comunicadores.

Los comunicadores deficientes realmente nunca abordan el problema, sino más bien a las personas. Además de descartar una idea, también podrían menospreciar a las personas que la presentaron. Un empleado nunca va a obtener resultados positivos lanzando comentarios negativos a otros compañeros de trabajo. Las personas que son comunicadores deficientes también ignoran o invalidan los sentimientos de sus compañeros de trabajo. También podrían usar una charla pasivo-agresiva o el sarcasmo como una forma de responder a las interacciones profesionales y personales (Desconocido, 2019).

Puede trabajar para superar a los comunicadores pobres animándolos a utilizar habilidades de comunicación eficaz. No los culpe, sólo tiene que darles un buen ejemplo de comunicación eficaz y señalar sutilmente las áreas que podrían mejorar.

Cómo Evitar que la Gente Malgaste su Tiempo en el Trabajo

No importa quién sea, el tiempo es la mercancía más preciada. En un entorno de trabajo hay un montón de maneras en las que la gente puede malgastar su tiempo, por ejemplo, no presentarse a una reunión (y no tener la cortesía de cancelar por adelantado) (Galek, 2019), paralizar su trabajo con incompetencia o interrumpir su trabajo de otras maneras. La gente también puede malgastarle su tiempo al ser devoradores de tiempo. Esto puede suceder si usted es una persona especialmente agradable que quiere ayudar a la gente; se pueden aprovechar fácilmente de usted. Como colega y especialmente si eres un líder, hay un delicado equilibrio entre ayudar a los demás y que malgasten su tiempo.

El tiempo es preciado; nadie tiene tiempo ilimitado para ayudar a los demás, por lo general tienen su propio trabajo que hacer. Podría pensar que está siendo útil y receptivo con sus colegas y sus necesidades, y por supuesto, va a beneficiar a la empresa, ¿verdad? No siempre es el caso. No puede siempre decir "sí" a cada persona en cada ocasión. Cuando su tiempo lo ocupa alguien o una cosa, usted no es capaz de dar su tiempo a otras personas o tareas más importantes. Si siempre son los mismos colegas que acuden a usted en busca de ayuda en ciertas cosas, aprenderán a volverse dependientes de usted en lugar de tratar de resolver por sí mismos; lo que puede convertirse en un círculo vicioso. Estos colegas también están perdiendo su propio tiempo al tener que comunicarse con usted en cada momento y al no ser capaces de resolverlo por su cuenta. Tal vez en lugar de resolver algo por su cuenta, lo posponen hasta que pueda ayudarlos (Stachowiak, 2019). Esto puede malgastar su tiempo, el tuyo y el de la compañía.

Si bien podría querer ayudar a sus colegas, tiene que haber reglas y límites establecidos para evitar que las personas malgasten su tiempo y para que los proyectos sigan avanzando. Sin importar que sea un líder o no en su organización, está por demás decir que siempre debe hacer un llamado a otros para evitar la pérdida de tiempo. Tiene que ser inteligente sobre su tiempo y cómo lo gasta para que no esté "ocupado" todo el día sin hacer nada. Aquí hay algunas estrategias para ayudarle a hacer más durante el día y asegurarse de que usted tampoco sienta que está decepcionando a sus compañeros de trabajo:

1) Trate de agendar citas con sus compañeros de trabajo (Stachowiak, 2019). Esto puede funcionar de dos maneras diferentes. Si necesita tener una discusión más larga con alguien o si una persona necesita tener una discusión más larga con usted. Si un compañero de trabajo se acerca a usted y está claro que su conversación va a tomar más de cinco minutos, entonces puede agendar una cita con ellos para discutir completamente el tema en cuestión. Estoy segura de que ha tratado con personas como esta anteriormente; dicen que sólo va a tomar unos minutos, pero en realidad, toma mucho más tiempo. Establecer una cita no sólo le beneficiará a usted, también a ellos. Cuando posee el tiempo para tener una discusión es capaz de estar presente en lugar de pensar en cuando esta persona va a dejar de hablar. Hacer una cita con alguien para discutir un tema permite que ambas partes obtengan respuestas a todas sus preguntas y sean capaces de enfocarse en los factores más importantes de la discusión.

2) Si alguien parece seguir acudiendo a usted para pequeñas cosas aquí y allá durante todo el día, pídales una lista. Cuando piensen en algo que necesiten discutir con usted, pídales que lo escriban en una hoja de papel o en un documento compartido. Si la discusión no es urgente, entonces debe acceder a su lista y establecer una cita para tener una discusión sobre los temas con ellos. Esto funciona bien porque puede enviarles un horario de reunión con antelación para asegurarles que tendrán respuestas a todas sus preguntas

3) Cuando establezca una reunión o cita con alguien, asegúrese de que está estableciendo un límite de tiempo y ¡apéguese a él! Mientras que establecer una reunión puede ayudar a evitar la pérdida del tiempo, también puede ser contraproducente para usted. Si fija una reunión de 30 minutos, y 90 minutos más tarde sigue discutiendo temas, esto boicotea el propósito de tener una reunión establecida en primer lugar. Si se encuentra a media reunión y se da cuenta de que va a tomar mucho más tiempo resolver los problemas en cuestión, mejor establezca otro momento para hablar. Una táctica que puede usar para asegurarse de que sus reuniones no se prolonguen es agendar otra cita justo después para que esté obligado a terminar la reunión a tiempo.

4) Asegúrese de que está haciendo preguntas para ayudar a sus colegas a tratar de resolver sus propios problemas. Aunque puede sentirse muy bien cuando otros acuden a usted en busca de respuestas, la gente necesita averiguar cómo resolver sus propios problemas. Dar a la gente las respuestas todo el tiempo no va a ayudarles a largo plazo y sólo hará que dependan de usted. No haga el trabajo de los demás por ellos. Incluso si usted no es técnicamente un líder dentro de su organización, todavía puede actuar como un líder y poseer cualidades de liderazgo. Puede proporcionar orientación o tutoría a sus colegas, pero no hagas su trabajo o les de todas las respuestas.

5) Cuando no le da a la gente todas las respuestas, también tiene que estar seguro de que está ayudándoles a encontrar soluciones. A veces la gente sólo necesita desahogarse, y eso está bien. Sin embargo, la conversación que comparten debe centrarse en encontrar soluciones en lugar de simplemente quejarse o desahogarse. Si usted y su colega no pueden encontrar una solución, pídales que programen otra cita con usted cuando hayan encontrado una solución al problema. Esto puede ser difícil al principio, pero le indicará a sus compañeros de trabajo que toma su tiempo con seriedad y no va a esperar a que acudan con usted a quejarse.

Resumen del Capítulo

Independientemente del lugar de trabajo, usted está obligado a convivir con personas o situaciones problemáticas. Ya sea que esté tratando con clientes, consumidores o proveedores, seguramente habrá situaciones difíciles que surjan y personas difíciles con las que tenga que trabajar. Cuando sea capaz de manejar a personas problemáticas de una manera sutil, mejorará su moral y satisfacción general en el lugar de trabajo. Cuando practica regularmente la positividad en el trabajo, elimina la negatividad de los demás y es capaz de defenderse de sus actitudes negativas. Si bien es ideal evitar a las personas problemáticas por completo, podría no ser siempre una opción. En el peor de los casos, tendrá que convocar a su equipo administrativo o a recursos humanos para ayudarlo a resolver un problema difícil o para lidiar con una persona problemática.

En la desafortunada circunstancia de estar atrapado con un jefe muy difícil, siempre puede tomar la ruta de "matarlos con amabilidad". Sin embargo, tener un jefe difícil puede hacer que una situación laboral sea muy angustiosa, ya que podría tener que ir por encima de él, con su jefe o recursos humanos. A menudo las personas abandonan un trabajo que aman o una empresa para la que les gusta trabajar sólo porque la persona a la que informan directamente es alguien problemático con quien trabajar. Desafortunadamente, las personas en posiciones de poder pueden abusar de esa posición, causando angustia y frustración entre su equipo.

También podría encontrarse con el problema de tener que lidiar con compañeros de trabajo estridentes y disruptivos, especialmente si no tiene su propia oficina. Lo mejor es manejar a estas personas y situaciones con afinidad y humor cuando sea posible. Asegúrese de que está dando un buen ejemplo a sus compañeros de trabajo y busque ubicaciones más tranquilas si es necesario.

Lidiar con situaciones difíciles en el trabajo puede desembocar en altos niveles de estrés y ansiedad. Los entornos de trabajo llenos de ansiedad pueden sacar lo peor, incluso de las personas más sensatas. Haga todo lo posible para mantenerse enfocado en su trabajo y hacer contribuciones positivas a su organización.

Si realmente ha estado practicando sus habilidades de comunicación eficaz, es probable que comience a darse cuenta de lo ineficaces que son las habilidades de comunicación de otras personas. Puede animar a sus colegas a mejorar sus habilidades de comunicación utilizando enunciados con "yo", dando comentarios positivos y centrándose en el problema en vez de la persona o personas involucradas en él.

Otro problema muy grande que a menudo puede surgir en el trabajo es que otras personas malgastan su tiempo. Si tiene un colega que constantemente pide unos minutos de su tiempo y que se convierten en 45 o 60 minutos, pídele que programe una reunión con usted para poder discutir todas sus preocupaciones. También puede hacer que su colega haga una lista de las cosas que quiera discutir con usted con el fin de acelerar su interacción y abordar todas sus preocupaciones. No olvide apegarse a sus horarios de reunión y no deje que lo acosen para que malgaste su tiempo satisfaciendo las necesidades de sus compañeros de trabajo.

En el siguiente capítulo, aprenderá consejos y trucos para ser el líder más eficaz que pueda ser.

Capítulo Cuatro: Cómo Ser el Líder más Eficaz Posible

Su reseña realmente hará una diferencia para mí y me ayudará a ganar difusión para mi trabajo.

¿Qué significa para usted ser un líder eficaz? Las empresas se basan en un liderazgo exitoso. Los líderes deben ser flexibles y capaces de adaptarse fácilmente a las situaciones (Daskal, 2019). También necesitan ser capaces de delegar tareas de manera efectiva. Un líder eficaz también necesita ser carismático, así como un comunicador eficaz. Deben ser capaces de establecer metas de manera efectiva y ayudar con el avance de sus equipos, inspirando y liderando con una visión compartida. Y por supuesto, ¡ser capaz de tomar acciones!

Cómo llegar a ser un líder más carismático

Cuando piensa en alguien que es carismático, ¿quién viene a su mente? ¿Winston Churchill, Richard Branson?

A menudo la gente piensa que ser carismático es algo con lo que se nace. Sin embargo, puedes aprender a ser carismático con un poco de práctica. Los líderes carismáticos son influyentes, persuasivos e inspiran a los demás. Las personas se siente atraídas por la gente carismática; quieren ser parte de su círculo de influencia, quieren aprender de usted (Giang, 2019). Los líderes carismáticos no requieren una larga lista de calificaciones o educación para calificarlos como fiables (Desconocido, 2015).

Alguien carismático sabe cómo hacer que los demás lo perciban como inteligente, impresionante y fascinante (Giang, 2012). Las personas que son carismáticas tienen una manera de inspirar a los demás y hacer que se sientan bien consigo mismos. Los líderes carismáticos están presentes con su audiencia. Puede hacer una pausa antes de responder o hacer preguntas a las personas con las que está hablando. No esté simplemente esperando a que alguien termine lo que está diciendo antes de empezar a hablar;

piense en su respuesta mientras tanto. Asegúrese de que su cara muestre algún tipo de interés y no esté sentado allí con la mirada perdida en el rostro, esto no le va a conseguir ningún fan.

Hay varias cosas que puede hacer si quiere convertirse en un líder más carismático. En primer lugar, tiene que construir una conexión con su audiencia. Algunos eligen liderar usando sólo su autoridad; esto deja a sus colegas y a esos empleados que le informan, la sensación de que usted es el jefe y deben permanecer bajo su mando. Los líderes carismáticos son capaces de conectarse con personas en varios niveles, a veces incluso a nivel personal. Hable con la gente y conózcala. A las personas les encanta hablar de sí mismas o de sus hijos. También es beneficioso pedir la opinión de sus colegas. No escupa sus demandas y espere que la gente las siga. Pregúnteles sus opiniones y si sienten que las cosas van en la dirección correcta. Hacer esto de forma ocasional hará que los miembros de su equipo sepan que su líder está allí para hacer algo más que simplemente dirigirlos, está allí para escucharlos y aprender de ellos.

Los líderes carismáticos ponen a la gente a gusto y no hacen que su audiencia o colegas se sientan demasiado serios. Aplastan la tensión con humor ligero y, al mismo tiempo, se aseguran de que su equipo siga siendo productivo. Si bien es un equilibrio delicado, un líder bueno y carismático es capaz de mantener un equilibrio entre ser demasiado serio y ser demasiado despreocupado. Como líder carismático, usted puede compartir historias que muestren su vulnerabilidad y que es humano también. Los líderes que poseen mucha confianza y son muy agradables a menudo son vistos como carismáticos. El carisma es también una cualidad que poseen las personas que son capaces de influenciar a otros con sus argumentos hasta convencerlos con su punto de vista. Con gran confianza también viene una gran humildad y un líder carismático entenderá que no es la persona más inteligente en la habitación. Esto ayuda a brindar confianza al equipo y a las personas del mismo al empoderarlos.

La fiabilidad y no quebrantar sus promesas es también otro rasgo de líderes carismáticos. No hay nada peor que un líder que dice que va a hacer una cosa y termina haciendo otra, quebrando la confianza de su equipo. Los líderes carismáticos también tienen un compromiso muy fuerte con sus metas y lideran con el ejemplo. ¡No les importa estar en las trincheras con su equipo y están ahí para completar el trabajo! También son capaces de motivar a su equipo para que hagan lo que se necesita.

Lo Esencial para Convertirse en un Comunicador Experto

En cualquier negocio, aprender a convertirse en un comunicador experto es fundamental. Al igual que con cualquier habilidad, puede aprender a comunicarse eficazmente con unas pocas tácticas simples. En primer lugar, necesita descubrir su propia voz individual. Todo el mundo tiene una personalidad diferente y cómo interactúa y habla con la gente lo diferenciará de los demás. Otras personas lo reconocerán por su voz, su tono y cómo se expresa verbalmente (Adams, 2019). Destaque sin ser arrogante u odioso.

Dominar la comunicación también requiere confianza. La confianza representa que entiende lo que está hablando y que es capaz de comunicar su mensaje a los demás. Incluso si usted es generalmente introvertido, puede hablar con confianza. Las personas con las que habla son capaces de decir si está seguro de lo que dice o si sólo está tratando de evitar parecer un tonto. No importa la situación en la que se encuentre, debe mantener la confianza.

Cuando se comunique con otras personas, no debe preocuparse por hablar rápido, sino más bien ralentizarse un poco. Aquellos con los que se está comunicando necesitan ser capaces de entender lo que está diciendo. Hablar rápido no es necesario en la mayoría de los casos y en realidad puede derivar en una comunicación errónea. Sus comunicaciones también deben tener un propósito (Adams, 2019). Debe ser capaz de compartir su mensaje con los demás de una manera eficaz mediante la representación de un enfoque claro.

Los comunicadores expertos también son capaces de interactuar con su audiencia. Ser un comunicador experto no siempre se trata de la persona que habla, sino también de las personas o persona con la que está hablando. Interactuar con las personas, decir sus nombres, hacer contacto visual, estrechar la mano, etc. les hace saber que se preocupa por su mensaje y cómo lo reciben.

Cómo los Líderes Establecen Metas Efectivamente

Si usted es un empleado que se esfuerza por ser un líder o que ya está liderando un equipo, establecer metas dentro de su organización es importante. Fijar metas como líder puede ser aún más importante, ya que no solo está estableciendo metas para usted mismo, sino también para su equipo. Al igual que con muchos otros objetivos en la vida, debe establecer metas

S.M.A.R.T.: Específicas, Cuantificables, Alcanzables, Realistas y con Plazos Determinados (por sus siglas en inglés). Estos objetivos son los que puede establecer usted mismo o con su equipo. Debe centrarse en no más de cinco en un período de 12 meses y deben ser muy claros (Peck, 2017).

Establecer metas es importante para los líderes por varias razones. Fijar objetivos muestra que usted, como líder, es competente para conseguir resultados de rendimiento. Establecer y alcanzar metas con su equipo infunde confianza en usted y en sí mismos. Cuando vean que ellos pueden establecer y lograr resultados específicos, querrán seguir alcanzando más objetivos.

Cuando establece metas para su equipo, ayuda darle dirección a cada persona. Cada individuo involucrado debe entender su parte en la meta y orientar sus esfuerzos para lograr el objetivo. Cuando usted, como líder, establece metas y su equipo trabaja para lograrlas, le permite también evaluar sus habilidades al mismo tiempo. Establecer y alcanzar metas también muestra apropiación de objetivos y proyectos.

Las metas S.M.A.R.T. son siempre la forma más segura de establecer metas ya sea por usted mismo o cuando trabaja con un equipo. Recuerde que sus metas de S.M.A.R.T. deben ser específicas, cuantificables, alcanzables, orientadas a resultados y con tiempo fijado. No puede decir, "¡vamos a conseguir más clientes!" y usarlo como objetivo. Una meta S.M.A.R.T. para conseguir más clientes sería algo así como: "Hacer X número de llamadas de ventas salientes por día, hacer un seguimiento con X número de clientes actuales y trabajar para obtener X número de ventas por semana/día." Aunque no todos sus objetivos estarán completamente en sus manos y podrían depender de factores externos (como clientes), tener una meta S.M.A.R.T. ayuda a que esos objetivos sean específicos y fáciles de entender para todos.

Además de centrarte en las metas S.M.A.R.T., también tiene que darse cuenta de que hay dos tipos diferentes de objetivos, de rendimiento y de aprendizaje (Desconocido, 2018). Los objetivos de rendimiento se centran en objetivos finales y resultados específicos, como conseguir más clientes o crear un nuevo prototipo. Los objetivos de aprendizaje se centran en la creatividad y en el desarrollo de habilidades, como aumentar su inteligencia emocional u otras habilidades interpersonales. Siempre que sea posible, haga que las personas de su equipo le ayuden con a establecer metas. En términos generales, cuando alguien ayuda a construir su propia meta, estará más comprometido con ella.

Cómo Aclarar Sus Valores En El Trabajo

Sus valores son cosas a las que debe adherirse tanto dentro como fuera del trabajo. Son creencias e ideas que ha identificado como principios fundamentales y que son parte integral de quién es. Sus valores pueden ser cosas como la honestidad, la humildad, la autoestima, el respeto a los demás o el éxito (sin importar cómo lo defina). Antes de elegir su carrera y/o aceptar un trabajo, debe tener sus valores definidos. No se preocupes, no es demasiado tarde para empezar a definir sus valores.

Hay dos tipos diferentes de valores, intrínseco y extrínseco (Rosenberg McKay, 2018). Los valores intrínsecos, al establecer valores en el trabajo, son aquellos que tienen que ver con las tareas de trabajo realizadas. Ejemplos de valores intrínsecos dan como resultado la satisfacción y el compromiso laboral. Los valores extrínsecos son los resultados de los derivados de su trabajo. Esto se refiere a lo que obtiene de su trabajo, no lo que aporta. Los valores extrínsecos incluyen cosas como su salario, seguridad laboral y reconocimiento.

Si bien es una buena práctica identificar sus valores de trabajo temprano en su carrera laboral, no es demasiado tarde para identificarlos ahora. Hay un inventario simple que puede hacer para acceder a sus valores laborales, definiéndolos y enumerándolos del uno al diez. Esto se denomina inventario de valores laborales (Rosenberg McKay, 2018). Anote diez de sus valores y enumérelos del uno al diez siendo uno el más importante y el diez menos importante. Si bien puede contratar a un profesional para hacer un inventario de valores laborales por usted, también puede completar uno fácilmente por su cuenta. Aunque pueda permanecer dentro de la misma profesión, diferentes trabajos requieren diferentes valores. Si valora trabajar con otros, un trabajo con mucha autonomía probablemente no va a encajar bien con sus valores.

Si está teniendo dificultades para concebir valores en el lugar de trabajo, entonces aquí hay una lista de algunos para que pueda comenzar:

- Éxito
- Reconocimiento
- Relaciones
- Independencia
- Apoyo
- Autonomía
- Condiciones de trabajo
- Ayudar a otros
- Prestigio
- Colaboración
- Seguridad Laboral
- Salario o compensación
- Usar sus habilidades o conocimientos
- Liderazgo

- Influencia

- Creatividad

- Variedad

- Desafíos

- Oportunidades

- Ocio

- Expresión Artística o Creativa

Aunque definir sus valores es importante, no debe aislarlos de otros factores de su vida laboral, como su personalidad, habilidades o aptitudes e intereses.

Cómo Encontrar su Voz en el Trabajo y ¡Usarla!

Para muchos, hablar en el trabajo puede ser un desafío. Algunas personas muy brillantes, inteligentes y dogmáticas, con grandes ideas se quedan en silencio debido a un miedo o una batalla interna que los mantiene en silencio. La gente puede tener su voz en el trabajo sofocada por la intimidación, la falta de respeto, el miedo al rechazo, el miedo a la confrontación, no querer llamar la atención sobre sí misma, o por tener miedo de parecer estúpida o a que nadie los escuche aunque intentan hablar (Scivique, 2010).

¡Tener una voz en el trabajo es importante porque usted lo merece! Cuando comparte sus pensamientos con sus superiores o con sus colegas, muestra que está comprometido con su trabajo. Debería, siempre y cuando esté comprometido con una voz positiva, llamar la atención positiva hacia usted. Ganará más respeto de sus colegas y su equipo de administración. Su trabajo se volverá más estimulante a medida que se involucres más. ¡Y aprende más! Cuando se compromete con su trabajo, sus superiores lo notarán y tendrá acceso a más oportunidades dentro de su lugar de trabajo. Hay algunas cosas que puede hacer para encontrar su voz en el lugar de trabajo y empezar a usarla para que otros lo noten a usted de una manera positiva.

Con el fin de encontrar su voz, necesita practicar muchas de las habilidades necesarias para convertirse en un buen comunicador. Primero tiene que aprender a escuchar. Realmente tiene que escuchar lo que otros están diciendo antes de hablar o dar su opinión. Desea que su contribución sea útil y no entorpezca la conversación. Tampoco querrá distraerse o salirse del tema. También necesita ser selectivo con lo que dice. Si solamente da su opinión sobre todo lo que los demás tienen que decir, entonces van a dejar de escucharle.

Siempre debe estar seguro de que está eligiendo el momento y el lugar adecuados para usar su voz. Tome nota de lo que está pasando a su alrededor antes de empezar a hablar. Si hay tensión en la habitación, es posible que desee esperar un momento diferente para hablar con alguien o solicitar una conversación privada en su lugar. Si tiene algo importante que decir, una habitación estridente llena de personas puede no ser el mejor lugar para hacerlo.

Todas las conversaciones de negocios deben tener un tono profesional, con un lenguaje neutro y no prejuicioso. Si usted está hablando en un tono que está provocando que la gente se sienta atacada, es probable que se cierren y se vuelvan defensivas. El uso de una voz educada y las etiquetas sociales básicas pueden contribuir significativamente.

Aunque sería genial que sus colegas y sus superiores le escucharan sólo porque es usted, no es un escenario probable. Aunque merece que le escuchen, a veces necesita mostrarle pruebas a la gente. Pruebas de que lo que está diciendo es válido o que va a funcionar de la manera en que está diciendo. Recopile información para apoyar su idea y presente datos a las personas siempre que sea posible. A pesar de que usted puede confiar en su instinto, es poco probable que otros lo hagan. Y en general, evite ser un hablador. Si bien es genial poder expresar opiniones e ideas, hablé de una manera clara y concisa. Dé una voz a sus pensamientos y deje de hablar. Necesita darles tiempo a los demás para reflexionar sobre lo que ha dicho y luego pedirles sus opiniones y comentarios.

Consejos De Liderazgo Para Inspirar Una Visión Compartida

Una visión compartida es similar a una meta. Se define con una meta final en mente, para la cual el equipo trabaja en conjunto sobre objetivos para lograr esa visión. Inspirar una visión compartida ayuda a los empleados a ver el profundo significado de su trabajo en lugar de simplemente hacer la rutina diaria. Hay dos cosas principales que los líderes pueden hacer para ayudar a inspirar una visión del futuro; definir la visión y llevar a otros trabajando hacia la visión del futuro (Mugavin, 2019).

Con el fin de inspirar una visión para el futuro, mire las metas pasadas y presentes de la organización y cómo estas pueden ayudar a informar la visión del futuro de la organización. Involucre a sus colegas y miembros del equipo en el proceso y pregúnteles sobre sus metas y aspiraciones y cómo pueden encajar en las metas más grandes de la organización. Concéntrese en cómo la visión compartida del equipo u organización les ayudará a alcanzar sus metas individuales. Y no olvide consultar regularmente con su equipo para ver cómo está progresando la visión compartida.

Cuando esté verificando regularmente a su equipo acerca de su visión compartida, asegúrese de reflexionar sobre lo que ha funcionado, lo que no ha funcionado y lo que podría hacer de diferente.

- ¿Cómo hablan sus colegas y miembros del equipo sobre su visión de futuro?

- ¿Cuáles son los objetivos generales para el equipo?

- ¿Cómo encaja cada persona en la visión del futuro?

- ¿Cómo puedo, como líder, incluir a otros para que formen parte de esta visión para el futuro?

- Como equipo, ¿pensamos en el futuro con suficiente frecuencia?

Tener una visión compartida, como líder, lo convierte en un visionario.

Cómo Ser un Gran Líder y Tomar Acción

A menudo ponemos a los líderes en un pedestal sin darnos cuenta de todas las decisiones difíciles que podrían tener que tomar. Vemos a los líderes como si tuvieran todas las respuestas, pero no nos damos cuenta de los enormes errores que pueden cometer y los costosos fracasos que podrían haber cometido en el pasado. A menudo pensamos que el liderazgo es sencillo y es natural en la gente, cuando en realidad, ser un líder no es un accidente. Los líderes deben estar preparados y firmes a la hora de tomar decisiones (Whalen, 2018). Realmente no importa qué decisión tome, siempre va a haber alguien que no esté contento con ello.

Establecer lo necesario para el éxito es algo donde los líderes sobresalen. Acuerdan por adelantado con sus empleados ser capaces de responsabilizarlos. Esto permite a las personas saber de antemano que serán regañadas si no aportan su parte. Los líderes que toman acción no siempre tratan a todos de la misma manera, pero siempre tratan a todos con respeto, incluso si no necesariamente lo merecen. Los líderes están ahí para ayudar a cada empleado a alcanzar su potencial, pero no precisamente para ayudarlos a llegar a la cima de la organización.

Los líderes que toman acción y consiguen resultados siempre están orientando a sus empleados. Estos necesitan ser capaces de saber cómo maximizar su tiempo de manera efectiva y sus habilidades. Al entrenar a otros, necesita tener un alto nivel de humildad. Si usted siendo el líder, hace algo mal, necesita ser el primero en admitirlo y asumir la responsabilidad de sus acciones.

Además, los líderes que toman acciones también saben la importancia de la superación personal, el desarrollo personal y profesional. Ser un líder no es un destino, sino más bien un viaje. Como líder, usted afecta a otras personas de maneras que pueden tener un impacto duradero, y tal vez sin darse cuenta. Si no duerme lo suficiente y está malhumorado para alguno de sus empleados, es posible que se estresen y arruinen algo dentro del proyecto. Por lo tanto, como líder, debe cuidar y darse cuenta de que sus acciones y actitud impactan más allá de usted.

Hay tantos líderes e innovadores famosos que simplemente no sabían cómo rendirse y, por lo tanto, aprendieron de sus errores anteriores. Hay una famosa cita de Thomas Edison: "No he fallado. Acabo de encontrar 10.000 maneras que no funcionan". Esto realmente encarna el concepto de que las personas deben ser capaces de aprender de sus errores y utilizar eso para crear un mejor ambiente de trabajo y desarrollar habilidades de liderazgo de mejor calidad.

Los grandes líderes que toman acciones también son empáticos y piden la opinión de su equipo antes de tomar decisiones. Los empleados pierden la confianza en su líder cuando las cosas cambian y aparentemente no tienen control sobre ello, como planes de compensación o cambios en un proyecto. Incluir a su equipo en el proceso de toma de decisiones puede ser provechoso para cimentar la confianza con su equipo. De esta manera, cuando tenga que tomar decisiones sin consultarlas primero, confiarán en su decisión.

Un buen líder debe ser capaz de tomar acciones y buscar a personas a quienes darle una responsabilidad cada vez mayor. Cuando los miembros del equipo están empoderados, irán más allá de lo que se les pide con tal de cumplir las expectativas. Los líderes también piden opiniones cuando toman acciones. Cuando los líderes toman acciones también necesitan humildad para recibir elegantemente las críticas de los miembros de su equipo.

Por último, los líderes deben estar preparados para tomar acciones y luego, ¡salir del camino! Tomar acciones también significa darse cuenta de que no tiene todas las respuestas y que algunas personas están mejor capacitadas que usted para hacer ciertas cosas.

Resumen del Capítulo

Todos son cautivados por un gran líder; alguien que es carismático, que puede influir fácilmente en su punto de vista y que puede asombrar a una audiencia, los líderes que son carismáticos son capaces de influir, persuadir e inspirar a los miembros de su equipo. Hay varias cosas que puede hacer si quiere convertirse en un líder carismático:

- Cree una conexión con su audiencia.

- Sea digno de confianza y mantenga sus promesas.

- Muestre humildad y vulnerabilidad.

- Tranquilice a su público.

- Conéctese con su audiencia en varios niveles.

- Mantenga un delicado equilibrio entre serio y tranquilo.

- Tenga confianza sin ser arrogante.

- Entienda que usted no es la persona más inteligente de la habitación.

- Muestre su fuerte compromiso con sus metas y lidere con el ejemplo.

- Entre a las trincheras con su equipo y haga las cosas.

Cuando se haya convertido en un comunicador experto, podrá comunicarse con una voz distintiva que otros reconocerán. Haga contacto visual, dé la mano y haga saber a los demás que se preocupa por el mensaje que está enviando.

Los líderes también son versados en establecer de metas tanto para ellos como para sus equipos. Trabajan en el establecimiento de metas S.M.A.R.T., lo que significa que son específicas, cuantificables, alcanzables, orientadas a los resultados y con plazos definidos. Los grandes líderes también son conscientes de los diferentes tipos de metas, el rendimiento y el aprendizaje.

Los grandes líderes también tienen valores claramente definidos y trabajan constantemente en función de ellos. Es ideal que tenga sus valores claramente definidos antes de salir y buscar un trabajo, pero nunca es demasiado tarde para empezar a definir sus valores de trabajo. Los valores comunes en el lugar de trabajo incluyen el éxito, la independencia, el apoyo, la autonomía y la influencia.

Para muchas personas, hablar es un reto. Pero recuerde que tiene una voz y merece que le escuchen. Cuando expresa sus preocupaciones, demuestre que está comprometido con su trabajo y no tiene miedo de llamar la atención positiva hacia usted. Antes de encontrar su voz, debe asegurarse de que está escuchando, querrá asegurarse de que esté contribuyendo en lugar de obstaculizar el proceso. También tiene que ser selectivo sobre el momento y el lugar en el que use su voz. Todas y cada una de las conversaciones relacionadas con los negocios deben tener un tono profesional y garantizar las etiquetas sociales básicas.

Los líderes también deben ser capaces de inspirar una meta compartida. Pueden hacerlo consiguiendo que sus colegas y miembros de equipo participen en el proceso. Cuando esté consultando con su equipo sobre su visión compartida, siempre asegúrese de reflexionar positivamente sobre el trabajo que han hecho juntos.

Finalmente, los grandes líderes son aquellos capaces de tomar acciones sin sacrificar su integridad. Ser un líder no es un viaje fácil y los grandes líderes no nacen sólo por accidente. Los grandes líderes siempre están contactando y orientando a sus empleados para alcanzar su máximo potencial.

En el siguiente capítulo, me centraré en los errores de comunicación más comunes y cómo evitarlos.

Capítulo Cinco:
Los Errores de Comunicación más Comunes y Cómo Evitarlos

Ya debe saber que la comunicación es el núcleo de todo y de todas las relaciones. Con el fin de desarrollar mejores habilidades de comunicación, también debe ser consciente de los errores más comunes y cómo evitarlos. Piense en las personas que admira, los grandes líderes, oradores y emprendedores; algo que la mayoría de ellos tienen en común es su capacidad para una comunicación eficaz. Hay muchas cosas que puede hacer para asegurarse de que está siendo un comunicador eficaz: asegurarse de escuchar antes de hablar, repetirle a la persona lo que dijeron en sus propias palabras, etc. Pero, ¿cuáles son las cosas que no debería hacer? Hay muchos errores que las personas llegan a cometer en su comunicación que pueden conducir a confusión y frustración.

La comunicación no es un enfoque único. Al hablar con un grupo de personas, algunos comprenderán lo que está diciendo, mientras que otros podrían necesitar más explicaciones. Puede evitar la comunicación errónea con un público más amplio considerando primero a las personas con quien habla y sus estilos de aprendizaje. Haga de su estrategia de comunicación una que atraiga a todos aquellos con los que se está comunicando.

Otro error muy común de la comunicación es la falta de atención a su tono de voz. Es posible que deba ajustar su tono de voz en función de con quién está hablando o de la situación en la que se encuentre. Antes de empezar a hablar, ya sea que esté en un grupo grande o en una conversación uno a uno, respire y calibre su tono.

Las personas a menudo piensan que se están comunicando eficazmente si evitan conversaciones y situaciones problemáticas. Esto no es cierto. Todo el mundo se enfrenta a un conflicto en algún momento en su trabajo. Sin embargo, simplemente evitar el conflicto no hace que desaparezca. Si necesita tener una conversación difícil con alguien, preparase para ello. Haga una lista de comentarios claros y positivos si tiene que hacerlo y siempre trate de terminar en una nota positiva.

Los comunicadores deficientes a menudo reprimen lo que realmente están pensando. Ser un buen comunicador implica decir lo que necesitas de una manera diplomática y aun así ser capaz de entender las necesidades de los demás. Un buen comunicador es capaz de hablar con claridad mientras expone sus peticiones sin arriesgar la relación con la persona con la que está hablando.

Cuando alguien reacciona a una situación en lugar de responder a ella, también demuestra habilidades de comunicación deficientes. Cuando reacciona a una situación, muestra ira, frustración y podría ser impulsivo. Cuando sucede algo y siente la necesidad de reaccionar, respire profundamente y deténgase antes de hacer algo. Primero debe entender los hechos de la situación, no saque conclusiones precipitadas y no haga suposiciones sobre la situación.

Un error muy grande de comunicación es involucrarse en chismes. Es desafortunado, pero sucede. Los chismes pueden arruinar la reputación de la gente y quebrar drásticamente la confianza en las relaciones. Incluso los chismes que no pretenden herir a otros pueden tener consecuencias devastadoras. Como comunicador de confianza y eficaz no debe ceder a los chismes y no debe dar lugar a insinuaciones o especulaciones.

Las personas de mente cerrada pueden cometer algunos errores de comunicación muy grandes. Los entornos de trabajo actuales están cada vez más diversificados. No sea cerrado de mente sobre nadie, mejor abra su mente y su corazón para adoptar la diversidad. Adoptar la diversidad le permite comunicarse con personas que tienen una gama de experiencias y creatividad diversa que, en última instancia, puede ser benéfico.

Mencioné este punto anteriormente; tiene dos orejas y una boca, así que no debería hablar más de lo que escucha. A menos que alguien le haya contratado para dar un discurso, eso es un poco diferente. La gente a menudo piensa que la comunicación es una vía de un solo sentido y únicamente hablan sin escuchar. ¡No sea esa persona! Si realmente quiere entender lo que pasa para poder comunicarse eficazmente, necesita escuchar lo que pasa. Esto fomenta el aprendizaje y muestra empatía con la persona con la que se está comunicando.

Por último, y probablemente uno de los peores errores de la comunicación, es asumir que está siendo entendido. Esto puede causar un efecto dominó de comunicación incorrecta. Cree que le entienden, da a todos el visto bueno para trabajar en lo que necesitan, y entonces todo se viene abajo, pero no puede descubrir por qué. Cometió el error de suponer que todos entendían lo que tenían que hacer. Es necesario comprobar con las personas para asegurarse de que entendieron su mensaje en lugar de asumir que lo entendieron (Daskal, 2014).

Hay muchas maneras en las que usted puede ser malinterpretado y cometer errores de comunicación. Sin embargo, si es consciente de que lo son, puede reconocerlos y trabajar para evitarlos.

Resumen del Capítulo

Con el fin de dominar la habilidad de la comunicación, también debe ser consciente de los posibles errores de comunicación y cómo evitarlos. La comunicación eficaz no es un enfoque único. Estas son algunas de las formas más comunes de comunicación incorrecta:

- Falta de atención a su tono de voz.

- Evitar conflictos en lugar de enfrentarlos.

- No hablar con claridad mientras se hace una solicitud.

- Sacar conclusiones sin tener los hechos primero.

- Involucrarse en chismes.

- Ser de mente cerrada.

- Hablar más que escuchar.

- Pensar que alguien le entiende cuando no lo hace.

El siguiente capítulo se enfocará en consejos y trucos especializados para una comunicación eficaz en el trabajo.

Capítulo Seis:
Consejos y Trucos Especializados para una Comunicación Eficaz en el Trabajo

Ahora que es consciente de todos los errores que puede cometer al comunicarse, ¿cómo puede convertirse en un comunicador experto? Cuando pueda comunicarse eficazmente con los miembros de su equipo y con sus superiores, ayudará a eliminar cualquier malentendido y alentará un ambiente de trabajo saludable y apacible (Belonwu, 2018).

Nos comunicamos todos los días y de muchas maneras. Sin embargo, ser capaz de comunicarse eficazmente en el trabajo requiere cierta delicadeza adicional (Watson, 2019). Tiene que ser capaz de apagar su mente y no pensar en lo que va a decir a continuación, sino escuchar completamente a sus colegas y elegir las palabras y el tono correctos para responder. Las repercusiones de la mala comunicación en el lugar de trabajo pueden ser mucho más graves; la pérdida de motivación de los empleados, la mala productividad y una ruptura general de la comunicación entre los miembros del equipo. Aquí hay nueve consejos y trucos especializados para una comunicación eficaz en el lugar de trabajo.

Primero, debe ser diplomático cuando maneje conflictos. Los conflictos pueden surgir fácilmente cuando las personas trabajan juntas todo el día y trabajan contra las fechas límite. Los conflictos pueden ser el resultado de cosas tontas como que alguien no cambie la tinta de la impresora, o de cosas importantes como robar el crédito del trabajo de otra persona. Incluso los problemas pequeños y menores pueden convertirse en disputas mucho más grandes. Con el fin de evitar que los problemas más pequeños se conviertan en problemas más grandes, gane el control de ellos inmediatamente. Anime a los empleados de su equipo a que acudan a usted y hágales saber que su puerta siempre está abierta. Asegúrese de crear un entorno que sea cómodo y que haga que sus empleados se sientan seguros, garantizando la confidencialidad. Ser diplomático sobre el conflicto significa mantener una mente abierta y no ser prejuicioso. No está atacando a la gente o culpando a nadie, sino haciendo preguntas para llegar al fondo de las cosas. Debe ser capaz de encontrar una solución que sea aceptable para todos.

Hay demasiadas conversaciones que tienen lugar en las empresas que son el resultado de correos electrónicos u otras tecnologías. Los correos electrónicos y los mensajes instantáneos son enviados a los colegas que están sentados justo al lado de usted, separados por un simple muro de cubículo. No olvide el arte de la simple conversación. Deje de confiar tanto en su ordenador y resucite el arte de la conversación. Si bien la tecnología que utilizamos puede ser muy beneficiosa para acelerar las comunicaciones, estas pueden perder su verdadero efecto comunicativo. También pierde las señales no verbales de la comunicación, como el tono y el lenguaje corporal. La mala comunicación puede aumentar aún más cuando el emisor o el receptor del mensaje no se toma su tiempo o no es articulado.

Los comunicadores eficaces son capaces de respetar las diferencias culturales cuando se comunican con otras personas en el lugar de trabajo. Las señales de manos simples o gestos que son inofensivos para algunas culturas podrían ser extremadamente ofensivos para otras. Muchas empresas contratan empleados que vienen de diferentes culturas para trabajar directamente en sus oficinas o virtualmente. Como resultado, los miembros del equipo y los directivos deben ser conscientes de las sensibilidades culturales. Estas pueden ser diferencias sutiles, como palabras y gestos, o diferencias muy flagrantes. La propia empresa necesita crear un entorno propicio para la inclusividad cultural. Esto puede incluir cosas como ofrecer tipos específicos de alimentos en la cafetería, permitir días libres para ciertas festividades religiosas y proporcionar capacitación a otros empleados para ser culturalmente sensibles.

Aquellos individuos que son comunicadores eficaces son capaces de proporcionar buenos comentarios a sus empleados y miembros del equipo. Ya sea usted un líder o un colega, es importante hacerle saber a sus compañeros que lo están haciendo bien. Aumenta la motivación cuando se reconocen los esfuerzos de un empleado. Celebrar reuniones periódicas es una excelente manera de proporcionar a los empleados retroalimentación, pero no es necesario guardar sus opiniones y estímulos solo para las reuniones. Puede enviarles un correo electrónico rápido, un mensaje de texto o llamarles para obtener un informe de estado y proporcionar sus opiniones. Asegúrese de que sus opiniones sean claras y concisas y que ofrezcan una solución a cualquier dificultad con la que puedan estar luchando (Watson, 2019).

¡Necesita confiar en su gente! Ser un micro gerente no es divertido para nadie. Cuando micro gestiona a sus empleados, pierden motivación porque sienten que no pueden hacer nada bien cuando está constantemente sobre ellos. Como líder, contrató empleados competentes que deberían ser capaces de hacer su propio trabajo. Como comunicador eficaz, debe poder comunicar a sus empleados lo que necesitan hacer y simplemente verificar periódicamente para asegurarse de que no necesitan su ayuda.

Las empresas que se basan en la confianza realmente escuchan a sus empleados. Cuando hay comunicación con los empleados y tienen sentido de pertenencia tendrán una mayor participación emocional en la empresa. La transparencia es una parte crítica para que los empleados tomen sentido de pertenencia con la empresa y sus proyectos. Hay muy pocas empresas que realmente practican la transparencia y revelan cosas como sus costos y beneficios. Cuando los empleados realmente sienten que son parte de la empresa y que son en parte propietarios, están más comprometidos y producen más resultados.

Los líderes y empleados que pueden comunicarse eficazmente son capaces de sacar sus emociones de la ecuación al comunicarse. Puede ser difícil comunicarse profesionalmente en el lugar de trabajo cuando hay personalidades contrarias con las que trabaja. Es desafortunado, pero sucede; una discusión en el trabajo puede convertirse rápidamente en un ataque personal. Antes de empeorar una situación reaccionando a ella, deténgase, tome un respiro y cuente hasta diez si lo necesita, luego responda con calma sin ser emocional al respecto. No tome como personal las reacciones de otras personas. Use sus enunciados con "Yo" y no culpe a los demás, más bien deles sugerencias. Asegúrese de que la persona con la que se está comunicando está entendiendo lo que les está diciendo y no están interpretando algo de manera incorrecta. Pídales aclaraciones u opiniones sobre lo que hablaron juntos.

Los grandes comunicadores se aseguran de escuchar completamente cuando están en una conversación en lugar de simplemente escuchar lo que la otra persona está diciendo. Nos sucede a todos y eso está bien. Está hablando con alguien y sin darte cuenta, han tenido toda una conversación con usted y no tiene idea de lo que habló. Como un comunicador eficaz, asegúrese de realmente estar escuchando lo que la persona está diciendo. En realidad escuchar a alguien es mucho más difícil de lo que parece. Si usted está teniendo dificultades para escuchar eficazmente en una conversación, finja que se le hará la prueba de lo que se dijo. Haga una lista en su cabeza que se centre en los puntos importantes de la conversación y una vez finalizada la conversación recuerde esos puntos. También puede reiterar con sus propias palabras lo que dijo la persona para asegurarse de que ha escuchado con precisión lo que han dicho.

Por último, asegúrese de que su entorno de trabajo ¡sea divertido! (Watson, 2019). Puede sonar un poco raro hablar de diversión cuando se habla de comunicación, sin embargo, las dos están interconectadas. Cuando las empresas les dan a los empleados la oportunidad de divertirse, les están comunicando que aprecian su arduo trabajo y esfuerzos.

Resumen del Capítulo

Una vez que sea consciente de las diversas maneras en las que puede comunicarse de manera ineficaz con alguien en el lugar de trabajo, será el momento de centrarse en todas las formas en las que puede comunicarse eficazmente con las personas.

- Apague su mente y concéntrese en la conversación en cuestión.

- Sea diplomático cuando maneje un conflicto.

- Minimizar el uso de la tecnología en las conversaciones.

- Respetar las diferencias culturales.

- Proporcionar comentarios buenos y positivos a los empleados y colegas.

- Confiar en su gente.

- Sacar lo emocional de la ecuación en la comunicación.

- Usar sus enunciados con "Yo".

- ¡Asegurarse de que todos se diviertan!

Finalmente, en el capítulo extra discutiremos cómo convertirse en un experto en oratoria y por qué necesita esta habilidad para ser eficaz en el lugar de trabajo.

Capítulo Extra:
Cómo Convertirse en un Experto en Oratoria

Es posible que se pregunte por qué un libro sobre comunicación eficaz en el lugar de trabajo tendría un capítulo sobre cómo convertirse en un experto en oratoria. Incluso si usted no es un "orador público", hablar en público es una habilidad que cualquiera puede dominar. Muchas, muchas personas tienen miedo de hablar en público y, por lo tanto, no son muy buenas en ello. Realmente no importa si usted está hablando con un grupo de inversores o simplemente una habitación llena de sus colegas, dominar la oratoria puede ser una gran clave para el éxito. Aprender a dar una buena presentación es una habilidad que se puede entrenar y que cualquiera puede aprender. Con eso en mente, veamos cómo convertirse en un experto en oratoria, incluso si pensar en ello ahora le hace querer vomitar.

El primer paso es no ser demasiado técnico. Realmente tiene que considerar al público con el que está hablando. Si bien es posible que sea un experto en mecánica cuántica, es posible que su audiencia no sea tan versada en todos los matices técnicos. Su discurso o conversación debe partir de donde está [el conocimiento de] su audiencia (Kapla, 2016), no de donde está [el conocimiento de] usted. Si está dando un discurso o teniendo una conversación, considérelo como un viaje. ¿De dónde parte su público? ¿Cómo llegaron allí? ¿A dónde quiere llevarlos? ¿Y cómo va a llegar allí?

Un factor clave para una gran presentación es alegrar el día de alguien o dejarles algo. Debería ser capaz de darle a su audiencia algo que puedan llevarse de la conversación o el discurso. Puede ser algún consejo práctico o un sentimiento o confianza. Antes de comenzar su discurso o conversación, piense maneras en las que puede mejorar el día de su audiencia y empiece a partir de ahí.

Algo que la gente subestima en gran medida es la importancia de la práctica cuando habla en público. Una vez que descubra lo que quiere decir, tiene que averiguar cómo lo va a decir. Hay tres formas principales de ejecutar un discurso; puede escribir y leer un guion, resumir sus ideas principales en viñetas o memorizar todo el asunto. Si bien leer desde un guion puede ser muy eficaz para entregar su mensaje, no es tan bueno para su audiencia. La gente puede saber cuándo está leyendo un guion y rápidamente se desinteresa. Su mejor opción es memorizar todo su discurso. Si practica mucho, debería ser capaz de memorizar su discurso con solo tener que mirar ocasionalmente sus notas y así, emitir un discurso que mantenga a su audiencia comprometida mientras usted conserva el ritmo del mensaje.

Sea muy consciente de su lenguaje corporal. Cuando las personas comienzan a hablar en público, muy a menudo no son conscientes de qué hacer con sus cuerpos, lo que puede conducir a movimientos innecesarios e inquietos del cuerpo. Aprender la habilidad de hablar en público es como dar pequeños pasos para trabajar hacia ser en un profesional. Cuando hable, debe estar de pie y simplemente usar sus gestos de la mano para enfatizar sus puntos en lugar de cambiar su peso de lado a lado o balanceándose. También debe asegurarse de eliminar muletillas; "como", *"mmm"* y "ya saben", son algunos de los más utilizados.

Para una excelente oratoria, menos es más. Mientras que el uso de diapositivas u otros multimedios pueden ayudarle a entregar su mensaje o explicar temas más complejos, sus diapositivas no deben utilizarse como un sustituto de sus notas con viñetas. Además, no lea de sus diapositivas ni coloque la misma información que está diciendo en ellas, es redundante y su audiencia puede leer.

Los grandes oradores públicos siempre están perfeccionando su arte y reciben comentarios y críticas constructivas (Kaplan, 2016). Mientras practica su discurso, pídales opiniones a sus amigos o familiares. Podría sorprenderse con lo que aprenda. También puede filmarse a sí mismo para estudiar su lenguaje corporal, tono de voz y cadencia al hablar.

Con cualquier discurso, no sólo debe dar a su audiencia algo, sino también dar a sus oyentes una razón para interesarse. Su discurso o conversación no debe ser todo sobre usted, sino más bien el discurso debe ser considerado como una conversación bidireccional. ¿Lo que estás diciendo es algo que le gustaría oír hablar? Si está teniendo esta conversación o proponiéndole algo a alguien, no haga una venta agresiva. Si lo que está vendiendo es de valor para la persona, naturalmente querrá comprarle.

Cada uno de nosotros tiene dos voces diferentes; nuestra mejor voz que es nuestra voz más confidente, y nuestra voz insegura. Nuestra voz insegura tiende a salir cuando estamos hablando de cosas de las que no estamos muy seguros o confiados. Estas pueden ser cosas de las que tenemos poco conocimiento o en las que no estamos seguros de tener la respuesta. Su mejor voz es su voz más segura. Puede ser donde encuentre humor en las cosas o cuando esté hablando de un tema que le apasiona y del cual es conocedor. Con su mejor voz se ilumina y podría hablar eternamente sobre un tema.

También debe tener en cuenta su estilo de hablar al conversar con los demás (Lear, 2019). Las habilidades de oratoria que aprendas se pueden usar en un entorno grupal, como una presentación grande, o en entornos pequeños e íntimos como una llamada de ventas uno a uno.

Puede mantenerse fiel a su estilo de hablar, que podría ser tranquilo y sosegado o emocionado y lleno de energía, o puede coincidir con el estilo de hablar de la otra persona. Algunas personas se abruman cuando están hablando con alguien por teléfono y hablan muy rápido y están llenos de energía, mientras que otras personas pueden llegar a ese nivel e igualar su emoción. Esta es una de esas situaciones en las que realmente tiene que leer a su audiencia y determinar qué acción dará los mejores resultados.

Si hablar en público es una habilidad que realmente quiere dominar, entonces necesita practicar y trabajar en ello. El primer gran paso es practicar; practicar frente al espejo, frente a una cámara o frente a un público pequeño. Practicar, practicar, practicar. Tony Robbins es Tony Robbins por una razón. Incluso puede contratar a un entrenador de habla si es necesario (Lear, 2016). Sólo va a ser mejor hablando en público con la práctica y las opiniones que le aporten los demás.

Resumen del Capítulo

Hablar en público es una habilidad que muchos deberían dominar, pero muy pocos lo hacen. Si bien puede tomar una vida para realmente dominar todo lo que necesita para convertirse en un gran orador público, sin duda hay cosas en las que puede trabajar ahora para mejorar sus habilidades de oratoria.

- No sea demasiado técnico con frases de nicho que solo otros expertos entenderán.

- Asegúrese de dejar a su audiencia con algo que alegrará su día.

- ¡Practicar, practicar, practicar!

- Sea muy consciente de su lenguaje corporal.

- Menos es más, no confíe en multimedia para hacer llegar su mensaje.

- Reciba las críticas constructivas y comentarios.

- Dé a su audiencia una razón para interesarse.

- Use su voz segura.

- Esté dispuesto a ajustar su estilo de hablar en público en función de su audiencia.

Hablar en público es un arte y una habilidad que hay que perfeccionar. Si realmente quiere convertirse en un gran orador público, necesita practicar tanto como pueda y delante de quien pueda.

Últimas Palabras

Aprender a comunicarse eficazmente en el lugar de trabajo puede ser algo complicado, pero si se hace bien puede ser increíblemente poderoso. La comunicación eficaz en el lugar de trabajo se lleva a cabo a través de comunicaciones interpersonales que luego se desglosan en comunicaciones verbales y no verbales. Con el fin de ser realmente un comunicador eficaz, es necesario ser consciente de las diferencias en los estilos de comunicación individuales y las posibles barreras de la comunicación eficaz.

Las barreras de una comunicación eficaz pueden incluir cualquier cosa, desde interrupciones, inatención al escuchar, una mala interpretación del lenguaje corporal, diferencia de género, sacar conclusiones precipitadas y reacciones prematuras hacia los demás. Nuestros cerebros responden de manera diferente a diferentes estímulos al mismo tiempo que procesamos diferentes emociones. Cuando un empleado está experimentando estrés en el lugar de trabajo, su cerebro no puede saber si el estrés (amenaza) es real o percibida. Causando una reacción en la corteza pre frontal que ralentiza la productividad, el procesamiento y el razonamiento, lo que hace que sea muy difícil trabajar.

La comunicación eficaz en el lugar de trabajo ayuda a crear un ambiente de trabajo saludable, elimina las barreras culturales, aumenta los beneficios finales, disminuye los conflictos, aumenta el compromiso y la productividad de los empleados, fomenta el trabajo en equipo, promueve la innovación, aumenta la retención de empleados y aumenta la satisfacción general del cliente.

Existen muchos obstáculos para una comunicación eficaz en el lugar de trabajo. Estos pueden incluir, pero no se limitan a, barreras de género y/o culturales, tono y lenguaje corporal, emociones tomando control, ruido externo e interno y así sucesivamente. También es muy importante que mantenga una mentalidad positiva mientras está en el lugar de trabajo. La positividad en el lugar de trabajo se ha ligado con todos los aspectos medibles del éxito, que incluyen: los beneficios, la productividad y la satisfacción. Tanto los empleados como los empleadores pueden beneficiarse de la positividad en el lugar de trabajo.

Una buena y eficaz comunicación también tiene el poder de transformar verdaderamente un lugar de trabajo. Una comunicación eficaz puede dar lugar a la mitigación de conflictos, el aumento de la participación de los empleados, la creación de mejores relaciones con los clientes y una fuerza de trabajo más productiva y talentosa. Tenga en cuenta que alrededor del 70% de los errores en las empresas se deben a la falta de comunicación eficaz (Allen, 2019).

Desarrollar un estilo de comunicación que incluya comunicación persuasiva realmente puede llevar a sus habilidades de comunicación al siguiente nivel. Su lenguaje corporal verbal y no verbal, así como sus expresiones faciales, pueden desempeñar un papel muy importante en lo persuasivo e influyente que usted es en el lugar de trabajo. Aprender técnicas de comunicación persuasiva puede beneficiarle, al persuadir a de cambiar para mejor a sus compañeros de trabajo y a su empresa. Debe asegurarse de enviar el mensaje correcto a su audiencia con su comunicación verbal y no verbal. Si bien es posible que experimente maneras formales e informales de comunicación en el trabajo, es beneficioso atenerse a las más formales de comunicación en el lugar de trabajo.

También hay muchas maneras diferentes de usar su lenguaje corporal para comunicarse con sus compañeros de trabajo; hacer contacto visual, su postura, dónde y cómo coloca los brazos mientras habla o escucha, son todas formas de comunicación no verbal con sus colegas. Asegúrese de mantener contacto visual mientras habla con las personas, mantener su postura erguida y no cruzar los brazos frente a usted mientras habla con alguien. Hágales saber a los demás que también es consciente de su lenguaje corporal y trate de alentarlos a usar la comunicación no verbal positiva.

La comunicación no verbal también incluye expresiones faciales. Si su rostro siempre está tenso, la gente lo percibirá como desagradable. Si sus expresiones faciales son siempre agradables y suaves, será percibido como alguien mucho más agradable.

Algunas de las claves para convertirse en un mejor oyente en el trabajo son:

- Reiterar a la persona lo que dijeron en sus propias palabras.

- Escuchar verdaderamente lo que alguien más está diciendo en lugar de tratar de pensar en qué decir a continuación.

- Escuchar como si tuviera que recordar la información más adelante.

- Mantener contacto visual con la persona con la que se habla.

- Reducir todas las distracciones y ruidos tanto como sea posible.

- Prepararse para escuchar.

- Ser conscientes de la diversidad en el lugar de trabajo.

Ser un comunicador eficaz también significa que puede ser persuasivo cuando necesite serlo. Ser persuasivo y tener una influencia en el lugar de trabajo significa ser agradable, tener aprobación social, ser consistente, practicar la escasez, tener autoridad y practicar la reciprocidad.

Además, los comunicadores eficaces en el lugar de trabajo también son capaces de dar y recibir críticas positivas. No deje que las personas que le den comentarios obstaculicen su autoestima o descarrilen su trabajo. La crítica constructiva está destinada a ayudarle a crecer y a convertirse en un mejor empleado. También debe aprender a tener autocrítica.

Es inevitable enfrentarse a situaciones difíciles o personas problemáticas en el lugar de trabajo. La forma en que lo maneje es lo que marca la diferencia. No vaya corriendo a su jefe o recursos humanos de inmediato, trate de manejar a la persona o situación por su cuenta de una manera diplomática primero. Si sus tácticas no tienen éxito, entonces involucre a sus superiores. Esto es válido tanto para compañeros de trabajo como para jefes difíciles. Asegúrese de que está animando a los compañeros de trabajo a utilizar habilidades de comunicación eficaces también.

Ser un líder eficaz se trata de tener carisma y perfeccionar sus habilidades como un comunicador eficaz. Los líderes eficaces y carismáticos son capaces de construir una conexión con su audiencia, ser dignos de confianza, mostrar humildad y vulnerabilidad, exudar confianza y mantener un delicado equilibrio entre ser demasiado serio y ser demasiado despreocupado y casual. Para convertirte en un experto en la comunicación, también debe usar su voz distintiva e irradiar confianza. Los líderes efectivos también son excelentes en el establecimiento de metas y son capaces de incorporar a su equipo usando las metas S.M.A.R.T.

Algunos de los errores de comunicación más comunes que pueden poner en peligro todas las tácticas eficaces que ha construido son: no prestar atención a sus propias señales no verbales, evitar conflictos, sacar conclusiones precipitadas, ser demasiado cerrado de mente y hablar más de lo que se escucha.

Una vez que sea consciente de las tácticas que hacen ineficaz a la comunicación, es hora de empezar a aprovechar las estrategias que lo convertirán en un comunicador eficaz. Los comunicadores eficaces son diplomáticos, respetan las diferencias culturales, confían en su gente, usan enunciados con "yo" y proporcionan comentarios positivos a sus colegas y empleados.

Por último, dominar la habilidad de hablar en público puede ser muy benéfico para su carrera. Muchas personas evitan hablar en público por miedo. Estas son algunas tácticas que puedes usar para dominar la habilidad de oratoria:

- Deje fuera la jerga técnica.

- Bríndele algo a su audiencia para alegrar su día.

- ¡Practique!

- Tenga en cuenta su lenguaje corporal.

- No confíe demasiado en recursos multimedia.

- Dé a su audiencia una razón para interesarse.

- Use su voz segura.

Con todas estas tácticas a su disposición, ¡seguro se convertirá en un experto de la comunicación eficaz en el lugar de trabajo en muy poco tiempo!

Recursos

Adams, J. (2019). *5 maneras de convertirse en un experto comunicador – Tap Inspect*. [En línea]. Disponible en: https://www.tapinspect.com/5-ways-to-become-a-master-communicator/ [Consultado el 23 de junio de 2019]

Allan, L. (2019). *Costos de comunicación deficiente en el lugar de trabajo*. [En línea] Businessperform.com. Disponible en: http://www.businessperform.com/workplace-communication/poor-communication-costs.html [Consultado el 23 de junio de 2019].

Belonwu, V. (2018). *20 maneras de comunicarse eficazmente con su equipo - Tendencias de pequeñas empresas*. [En línea] Tendencias de la Pequeña Empresa. Disponible en: https://smallbiztrends.com/2013/11/20-ways-to-communicate-effectively-in-the-workplace.html [Consultado el 24 de junio de 2019].

Bosworth, P. (2019, 13 de febrero). *El poder de la buena comunicación en el lugar de trabajo Elección de Liderazgo*. Consultado el 10 de junio de 2019, de https://leadershipchoice.com/power-good-communication-workplace/

Chadwick, P. (2014). *Cómo responde el cerebro a la retroalimentación- IEDP*. [En línea] Iedp.com. Disponible en: https://www.iedp.com/articles/how-the-brain-responds-to-feedback/ [Consultado el 24 de junio de 2019].

Cooley, A. (2019). *10 maneras en que los empleados pueden ser más proactivos en el trabajo*. [En línea] *Trabaje todos los días*. Disponible en: https://www.workitdaily.com/be-more-proactive-work [Consultado el 23 de junio de 2019].

Dabbah, M. (2018, 17 de mayo). *3 Ejemplos de diferencias culturales en el lugar de trabajo*. Consultado el 9 de junio de 2019, de https://redshoemovement.com/examples-of-cultural-differences-in-the-workplace/

Daskal, L. (2014). *Errores de comunicación a evitar a toda costa*. [En línea] Inc.com. Disponible en: https://www.inc.com/lolly-daskal/common-communication-mistakes-to-avoid.html [Consultado el 24 de junio de 2019].

Daskal, L. (2019). *7 maneras de ser un líder más eficaz - Lolly Daskal Liderazgo*. [En línea] Lolly Daskal. Disponible en: https://www.lollydaskal.com/leadership/7-ways-to-be-a-more-effective-leader/ [Consultado el 23 de junio de 2019].

Daum, K. (2019). *Cómo dar (y recibir) críticas positivas*. [En línea] Inc.com. Disponible en: https://www.inc.com/kevin-daum/how-to-give-and-receive-positive-criticism.html [Consultado el 24 de junio de 2019].

Dean, J. (2010). *Cómo influir en las personas - PsyBlog*. [En línea] PsyBlog. Disponible en: https://www.spring.org.uk/2010/07/3-universal-goals-to-influence-people.php [Consultado el 26 de junio de 2019].

Dean, J. (2019). *20 pasos simples para el mensaje persuasivo perfecto - PsyBlog*. [En línea] PsyBlog. Disponible en: https://www.spring.org.uk/2010/12/20-simple-steps-to-the-perfect-persuasive-message.php [Consultado el 25 de junio de 2019].

Edberg, H. (2019). *Cómo convertirse en un mejor oyente: 10 consejos simples*. [en línea] Positivityblog.com. Disponible en: https://www.positivityblog.com/better-listener/ [Consultado el 25 de junio de 2019].

Effectivecommunicationadvice.com. (2019). *Obstáculos de la Comunicación Efectiva*. [En línea] Disponible en: http://effectivecommunicationadvice.com/barriers [Consultado el 22 de junio de 2019].

Frost, S. (2019). *Cómo se utiliza el lenguaje corporal en el lugar de trabajo*. [En línea] Smallbusiness.chron.com. Disponible en: https://smallbusiness.chron.com/body-language-used-workplace-11773.html [Consultado el 25 de junio de 2019].

Galek, C. (2019). *Cómo protegerse de las personas que malgastan su tiempo*. [En línea] Inc.com. Disponible en: https://www.inc.com/candice-galek/how-to-manage-your-time-stop-others-from-wasting-it.html [Consultado el 23 de junio de 2019].

Grace, B. (2018). *Cómo hacer preguntas que obtienen resultados: 5 consejos en tendencia para incrementar en 1,000x sus resultados*. [En línea] Notable - El Blog del Diario. Disponible en: https://blog.usejournal.com/5-ways-to-ask-betterquestions-thatll-have-you-solving-problems-smarter-and-faster-af872398fc28?gi=87a0f12c5f2c [Consultado el 26 de junio de 2019].

Giang, V. (2012). *17 consejos para convertirse en un líder carismático*. [En línea] Business Insider. Disponible en: https://www.businessinsider.com/17-things-you-need-to-know-if-you-want-to-be-a-charismatic-leader-2012-1#make-people-feel-like-theyre-the-most-intelligent-impressive-and-fascinating-person-in-the-room-2 [Consultado el 23 de junio de 2019].

Giang, V. (2019). *17 consejos para convertirse en un líder carismático*. [En línea] Business Insider. Disponible en: https://www.businessinsider.com/17-things-you-need-to-know-if-you-want-to-be-a-charismatic-leader-2012-1 [Consultado el 23 de junio de 2019].

Gottfried, S. (2018). *https://time.com*. [En línea] *Time*. Disponible en: https://time.com/5321644/body-language-mistakes-work-experts/ [Consultado el 25 de junio de 2019].

Heathfield, S. (2019). *Tratar con personas difíciles es una necesidad para el éxito de su carrera*. [En línea] *Las Carreras de Equilibrio*. Disponible en: https://www.thebalancecareers.com/how-to-deal-with-difficult-people-at-work-1919377 [Consultado el 26 de junio de 2019].

Heathfield, S. (2019). *Usa estas ideas para saber cómo lidiar con tu jefe difícil*. [En línea] *Las Carreras de Equilibrio*. Disponible en: https://www.thebalancecareers.com/how-to-deal-with-difficult-bosses-1917887 [Consultado el 23 de junio de 2019].

Jenkins, P. (2018). *Cómo puede ayudarte entender el lenguaje corporal.* [Vídeo] Disponible en: https://www.youtube.com/watch?v=9aWFOK46eqA [Consultado el 28 de junio de 2019].

Jenkins, Dr. P. (2018). *Importancia de la positividad en el lugar de trabajo* [YouTube]. Consultado el 9 de junio de 2019, Disponible en: https://www.youtube.com/watch?v=AbzJNSIJPbk [Consultado el 9 de junio de 2019].

Kaplan, E. (2016). *Cómo convertirse en un experto en hablar en público, de acuerdo con el tipo que dirige las charlas TED.* [En línea] *Medium.* Disponible en: https://medium.com/the-mission/how-to-become-a-master-at-public-speaking-according-to-the-guy-who-runs-ted-talks-d65433eb057d [Consultado el 24 de junio de 2019].

Lear, K. (2019). *Cómo convertirse en un experto en la charla pública.* [En línea] Vunela. Disponible en: https://vunela.com/how-to-become-a-master-at-public-speaking/ [Consultado el 24 de junio de 2019].

Miglani, B., Ivankovich, M., James, R. y Rodarte, C. (2019). *3 consejos sobre cómo lidiar con situaciones de trabajo difíciles.* [En línea] Abraza el caos. Disponible en: https://www.embracethechaos.com/2013/11/3-tips-on-how-to-deal-with-difficult-work-situations/ [Consultado el 23 de junio de 2019].

Moawad, H. (2017). *Cómo el cerebro procesa las emociones.* [En línea] Tiempos de Neurología.

Disponible en:
https://www.neurologytimes.com/blog/how-brain-processes-emotions [Consultado el 28 de junio de 2019].

Mugavin, B. (2019). *4 Consejos de liderazgo para inspirar una visión compartida.* [En línea] Flashpointleadership.com. Disponible en: https://www.flashpointleadership.com/blog/leadership-tips-inspire-a-shared-vision [Consultado el 23 de junio de 2019].

Page, M. (2019). *La importancia de una buena comunicación en el lugar de trabajo Michael Page UK.* [En línea] Michael Page. Disponible en: https://www.michaelpage.co.uk/advice/management-advice/development-and-retention/importance-good-communication-workplace [Consultado el 25 de junio de 2019].

Peck, D. (2017). *5 Consejos para establecer metas de liderazgo para que 2018 sea un éxito.* [En línea] Huffpost.com. Disponible en: https://www.huffpost.com/entry/5-leadership-goal-setting-tips-for-making-2018-a-success_b_5a26c653e4b0f7f1679a0368 [Consultado el 23 de junio de 2019].

Petersen, L. (2019). *La importancia de las buenas habilidades de escritura en el lugar de trabajo.* [En línea] Smallbusiness.chron.com. Disponible en: https://smallbusiness.chron.com/importance-good-writing-skills-workplace-10931.html [Consultado el 26 de junio de 2019].

Redmond, R. (2018). *Cómo informar el estado de un proyecto.* [En línea] *Project Smart.* Disponible en:

https://www.projectsmart.co.uk/how-to-report-status-on-a-project.php [Consultado el 26 de junio de 2019].

Richason IV, O. (2017). *¿Qué es la comunicación eficaz en el lugar de trabajo?* [En línea] Smallbusiness.chron.com. Disponible en: https://smallbusiness.chron.com/effective-workplace-communication-822.html [Consultado el 25 de junio de 2019].

Rosenberg McKay, D. (2018). *Por qué debe identificar sus valores de trabajo si desea satisfacción laboral.* [En línea] *The Balance Careers.* Disponible en: https://www.thebalancecareers.com/identifying-your-work-values-526174 [Consultado el 23 de junio de 2019].

Russell, M. (2015). *Cómo tus expresiones faciales en el trabajo podrían estar perjudicando tu carrera.* [En línea] *Business Insider.* Disponible en: https://www.businessinsider.com/your-facial-expressions-at-work-could-be-hurting-your-career-2015-4?international=true&r=US&IR=T [Consultado el 25 de junio de 2019].

S, S. (2018). *Diferencia entre comunicación verbal y no verbal (con gráfico de comparación) – Key Differences.* [En línea] *Key Differences.* Disponible en: https://keydifferences.com/difference-between-verbal-and-non-verbal-communication.html [Consultado el 25 de junio de 2019].

Scivicque, C. (2010). *Cómo encontrar tu voz en el trabajo.* [En línea] Forbes.com. Disponible en: https://www.forbes.com/sites/work-in-progress/2010/11/08/how-to-find-your-voice-at-work/#7f41541430ba [Consultado el 23 de junio de 2019].

Scivicque, C. (2018). *Cómo ser Proactivo en el Trabajo: Un Sistema de Cinco Pasos*. [En línea] *Eat Out Your Career*. Disponible en: https://eatyourcareer.com/2010/08/how-be-proactive-at-work-step-system/ [Consultado el 25 de junio de 2019].

Stachowiak, D. (2019). *6 hábitos para evitar que la gente pierda su tiempo*. [En línea] *Coaching for Leaders*. Disponible en: https://coachingforleaders.com/6-habits-to-keep-people-from-wasting-your-time/ [Consultado el 23 de junio de 2019].

Desconocido (2015). *5 maneras de convertirse en un líder carismático*. [En línea] Hacer mejor contratación - El blog de *Recruitloop*. Disponible en: https://recruitloop.com/blog/5-ways-to-become-a-charismatic-leader/ [Consultado el 23 de junio de 2019].

Desconocido (2018). *Un modelo de fijación efectiva de metas para los líderes*. [En línea] 3x5 *Leadership*. Disponible en: https://3x5leadership.com/2018/07/05/a-model-of-effective-goal-setting-for-leaders/ [Consultado el 23 de junio de 2019].

Desconocido (2019). *6 Signos de Habilidades de Comunicación Deficientes*. [En línea] *Kandidata Asia*. Disponible en: https://kandidataasia.com/6-signs-of-poor-communication-skills-and-how-to-improve-them/ [Consultado el 18 de junio de 2019].

Warner, J. (2019). *La brecha de liderazgo de las mujeres - Centro para el progreso americano*. [En línea] Centro para el Progreso Americano. Disponible en:
https://www.americanprogress.org/issues/women/re ports/2017/05/21/432758/womens-leadership-gap/ [Consultado el 23 de junio de 2019].

Watson, S. (2019). *10 consejos para una comunicación eficaz en el lugar de trabajo*. [En línea] Howstuffworks. Disponible en:
https://money.howstuffworks.com/business/starting -a-job/10-tips-for-effective-workplace-communication.htm [Consultado el 24 de junio de 2019].

Webb, C. (2017). *¿Cuáles son las dos formas de comunicación en el lugar de trabajo?* [En línea] Smallbusiness.chron.com. Disponible en:
https://smallbusiness.chron.com/two-ways-communication-workplace-10768.html [Consultado el 25 de junio de 2019].

Whalen, D. (2018). *13 Poderosas acciones que los grandes líderes toman para construir grandes equipos - Medium*. [En línea] Medium. Disponible en:
https://medium.com/swlh/13-powerful-actions-great-leaders-take-to-build-great-teams-5990c052059f [Consultado el 23 de junio de 2019].

Zambas, J. (2019). *La importancia de una comunicación eficaz en el lugar de trabajo*. [En línea] Careeraddict.com. Disponible en:
https://www.careeraddict.com/the-importance-of-effective-communication-in-the-workplace [Consultado el 25 de junio de 2019].

Zenbooth (2019). *Resuelto: Cómo detener a compañeros de trabajo fuertes y disruptivos*. [En línea] *Zenbooth*. Disponible en: https://zenbooth.net/blogs/zenbooth-blog/9-tips-for-dealing-with-loud-disruptive-coworkers [Consultado el 25 de junio de 2019].